ALBERT ESPINOSA
Club der blauen Welt

W0077286

G GOLDMANN
Lesen erleben

Buch

Was, wenn morgen dein letzter Tag wäre? Was, wenn jede Minute, jede Sekunde wirklich zählt? Der jugendliche Held dieser feinsinnig versponnenen Geschichte erlebt diese Fragen als realen Horror, nachdem ihm sein Arzt mitgeteilt hat, dass er innerhalb kürzester Zeit sterben wird. Betäubt von dem fürchterlichen Befund bricht er zu seiner letzten Reise auf, die ihn auf eine mystische, malerische Insel führt. Hier verbringt er im Kreis ebenfalls todgeweihter Jugendlicher seine verbleibenden Tage und erlebt noch ein letztes Mal die berauschende Fülle des Lebens und die kompromisslose Hingabe in der Freundschaft und der Liebe. Ein Buch voll tiefer Einsichten darüber, wofür es sich wirklich zu leben lohnt.

Autor

Albert Espinosa, geboren 1973, ist Autor, Schauspieler, Film- und Theaterregisseur und lebt in Barcelona. Sein Erstling »Glücksgeheimnisse aus der gelben Welt« wurde weltweit in über zwanzig Sprachen übersetzt und in mehreren Ländern höchst erfolgreich als TV-Serie verfilmt. Seither hat Albert Espinosa diverse weitere Romane und Sachbücher veröffentlicht.

Von Albert Espinosa sind bei Goldmann außerdem erschienen:

Club der roten Bänder (22176)
Glücksgeheimnisse aus der gelben Welt (22024)

ALBERT ESPINOSA

CLUB DER BLAUEN WELT

AN WAS GLAUBST DU, WENN MORGEN DEIN LETZTER TAG WÄRE?

Aus dem Spanischen
von Sonja Hagemann

GOLDMANN

Die spanische Originalausgabe erschien 2015 unter dem Titel
El mundo azul. Ama tu caos bei Grijalbo & Rosa dels Vents, einem
Imprint von Penguin Random House Grupo Editorial, S.A.U, Barcelona.

Verlagsgruppe Random House FSC® N001967

1. Auflage
Deutsche Erstausgabe Oktober 2016
© 2016 Wilhelm Goldmann Verlag, München,
in der Verlagsgruppe Random House GmbH,
Neumarkter Str. 28, 81673 München
© Albert Espinosa, 2015
© Penguin Random House Grupo Editorial S.A.U., 2015
Gedicht S. 176ff.: Rafael Alberti, »Lanzarote. Primera estrofa«,
FUSTIGADA LUZ
© Rafael Alberti, 1980. El alba del alhelí, S. L.
Umschlaggestaltung: UNO Werbeagentur, München
Umschlagmotiv: © FinePic®, München
Lektorat: Ralf Lay, Düsseldorf
fm · Herstellung: cb
Satz: Satzwerk Huber, Germering
Druck: GGP Media GmbH, Pößneck
Printed in Germany
ISBN 978-3-442-22186-8

www.goldmann-verlag.de

Ja, riskier es.
Das ist immer die Antwort.

Geschrieben in und auf …

Ischia, Lanzarote,
Santiago de Chile,
Barcelona, Buenos Aires,
Menorca und New York.

Inhalt

Der beste Moment, um einen Baum zu pflanzen,
war vor zwanzig Jahren. Der zweitbeste ist heute.

Chinesisches Sprichwort

In zwanzig Jahren wirst du mehr enttäuscht
sein über die Dinge, die du nicht getan hast,
als über die Dinge, die du getan hast. Also löse die Kno-
ten, laufe aus dem sicheren Hafen aus. Erfasse die Passat-
winde mit deinen Segeln. Erforsche. Träume.

Mark Twain

Vorwort

Nach den *Glücksgeheimnissen aus der gelben Welt* beziehungsweise dem *Club der roten Bänder* und der gleichnamigen Serie war es mir ein Anliegen, diese Trilogie der Farben zu Ende zu führen, die von Leben, Kampf und Tod berichtet.

Der *Club der roten Bänder* hat für mich alle Erwartungen übertroffen, und damit meine ich nicht einmal all die Sprachen, in die das Buch übersetzt wurde, und auch nicht die Anzahl der Ausgaben, sondern den viel wichtigeren Kontakt zu meinen Lesern. Jeden Tag haben mir unzählige Menschen per E-Mail versichert, wie wichtig dieses Buch für ihr Leben ist.

Diese achttausend E-Mails jeden Tag sind eine Belohnung, für die ich nur schwer Worte finde, diese Zuneigung für eine Farbe rührt mich sehr. Jeder hat unter seinen Veröffentlichungen wohl ein Lieblingsbuch, und für mich sind das die *Glücksgeheimnisse*. Das kann man mit dem Stolz eines Vaters aufs erste Kind vergleichen.

Meinen übrigen Büchern gegenüber empfinde ich etwas ganz anderes.

Marcos und der Zauber des Augenblicks (2010) entstand aus meinen Träumen und Wünschen. Dieser Roman hat einiges gemeinsam mit dem Theaterstück *El fascinant noi que treia la llengua quan feia treballs manuals* (»Der faszinierende Junge, der beim Basteln immer die Zunge rausgestreckt hat«), das im selben Zeitraum das Licht der Welt erblickte. Sie betrachten das gleiche Thema von unterschiedlichen Standpunkten aus.

Es geht um einen Jungen, der schlafen will, aber nicht kann, der lieben will, aber nicht weiß, wie, und der sich vor allem einer Gabe stellen muss, die er nicht unter Kontrolle hat.

Ich komme, wenn du rufst (2011) bescherte mir einen aufregenden Tag des Buches*, so voller Emotionen wie

---

*   Am 23. April wird in Katalonien traditionell der Tag der Verliebten und der Tag des Buches begangen.

jener Moment vor vielen Jahren, als ich mein Bein verloren habe. Die wichtigste Figur darin ist auch die, mit der ich mich wohl am meisten identifiziere: Dani will so gern erwachsen werden und spürt fremde Kinder auf, als sein eigenes Kind verloren ist.

Im Jahr 2013 erschien *Brúixoles que busquen somriures perduts* (»Kompasse auf der Suche nach dem verlorenen Lächeln«), der Zwillingsbruder des Theaterstücks *Els nostres tigres beuen llet* (»Unsere Tiger trinken Milch«). Mit beiden Texten wollte ich meinem Freund Antonio Mercero meine Dankbarkeit ausdrücken: Sein Kampf erhellt mir jeden Tag den Weg wie ein Leuchtturm und erfüllt mich mit Respekt für eine der ehrlichsten Personen, die ich je getroffen habe.

Und jetzt kommt also der *Club der blauen Welt*. Dieses Buch zu schreiben war mir ein großes Anliegen, so ein dringendes Bedürfnis, dass es über jedes erklärbare Gefühl hinausgeht.

Es ist sowohl vom Inhalt als auch von Sprache und Emotionen her chaotisch. Beim Schreiben wollte ich mich voll und ganz auf diese Welt einlassen und habe an nichts anderes mehr gedacht. Jedes Kapitel soll dabei ein Gefühl ausdrücken, das mich an einem Punkt meines Daseins überkommen hat.

Alles fängt gelb oder auch rot an, verfärbt sich dann aber nach und nach zu Blau.

Der *Club der blauen Welt* erscheint zeitgleich mit dem Drehbuch zu »Pitahaya«, einem Kurzfilm, der mir viel Freude bereitet und dessen Motto »Liebe dein Chaos« jede seiner Szenen erhellt. Es ist mir wichtig, ihn zusammen mit Menschen zu drehen, die mein Chaos lieben, und dafür werde ich mein Leben lang voller Leidenschaft kämpfen.

Meine ersten drei Bücher wurden von der Farbe Gelb erleuchtet. Ich wünsche mir, dass die nächsten drei von Blau durchtränkt sind, der exakte Farbton ist mir dabei gleich. Egal, ob es sich um Kobaltblau, Kupferblau oder Lapislazuli handeln wird.

Eins weiß ich jedoch genau: Den Ursprung hat dieses Buch in echten Menschen, die ich als Teenager in jener Woche kennengelernt habe, als sich mein Leben dem Ende zuzuneigen schien. Damals gab man mir jene dreiprozentige Überlebenschance, die den Rest meiner Tage unwiderruflich prägen sollte.

Dieses Buch ist Fiktion und Nichtfiktion zugleich, es findet seinen Anfang in jenem Leo aus dem *Club der roten Bänder*, der seinen Weg finden musste. Man kann darin auch etwas von der Person entdecken, die mir dort die sieben Geheimnisse für ein glückliches Leben verraten hat. Vor allem erzählt es jedoch von ganz unglaublichen Menschen, deren Leben, Seele und Güte ich in meine Figuren einfließen lassen wollte.

Dass ihr dieses Buch lest, in welchem Land und welcher Sprache auch immer, schafft zwischen uns eine ewige Verbindung. Deshalb möchte ich euch gern meine E-Mail-Adresse geben. Sie lautet: albertespinosa91@yahoo.es. Lasst uns zusammen diese blaue Welt erschaffen …

Albert Espinosa

1

Ein Problem ist bloß der Unterschied
zwischen deinen Erwartungen und dem,
was du in Wirklichkeit vom Leben und
den Menschen bekommst

Mein Vater lauschte immer dem Meer, dem Geräusch der Wellen, die sich an den Felsen brachen.

Menschen hingegen hörte er nie zu. »Das Meer«, so sprach er oft, »versucht dich wenigstens nicht zu betrügen.« Er konnte Stunden damit verbringen, das Kliff hinunterzustarren und sich zu fragen, was ihm dieses Rauschen wohl sagen wollte.

»Die Natur spricht mit uns, wir sind nur viel zu beschäftigt, um sie zu verstehen«, flüsterte er mir abends manchmal in mein gutes Ohr.

Vaters Besuche oben am Steilufer waren ein Balance-akt. Er rauchte ganz nah am Rand, und der Unterschied zwischen dem sicheren Boden und dem freien Fall war so unbedeutend wie die rieselnde Asche seiner Zigarette.

Dann stürzte er sich dort in die Tiefe, als ich elf Jahre alt war. Ich kann nicht sagen, ob das Meer es ihm befohlen hatte oder ob er den Ozean einfach mehr liebte als seine Adoptivkinder.

Das hab ich niemals erfahren, ich entdeckte ihn nur eines Morgens von den Wellen gewiegt. Von oben konnte ich sein Lächeln erkennen. Das ist heute fast genau sieben Jahre her, und mir bleiben bloß ein paar Tage bis zu meinem achtzehnten Geburtstag. Ich weiß nicht, ob ich den noch erleben werde …

Als ich nämlich heute Morgen die Tür zum Sprech-zimmer meines Arztes öffnete, wusste ich, dass ich tot war. Ich sah ihn auf dem Stuhl neben meinem und konn-te es bereits erahnen.

Jener Mann im weißen Kittel erklärte mir, dass mir nur noch zwei oder drei Tage blieben. Das erläuterte er ganz ruhig und ungerührt, als würde es hier nicht um ein Leben gehen. In diesem Fall um meins.

Wir wussten ja alle, dass er kein Geschick darin besaß, schlechte Nachrichten zu überbringen. Er verließ seinen

Platz hinter dem Schreibtisch nämlich nie, außer wenn es schlimme Neuigkeiten gab. Dann erhob er sich aus seinem bequemen Sessel, umrundete mit genau vier Schritten seinen Schreibtisch und nahm auf dem Stuhl neben dem Patienten Platz. Schließlich ließ er ohne jede Emotion die Bombe platzen.

Ich vermute mal, dass er den Trick mit dem Stuhl in irgendeinem Seminar für den einfühlsamen Umgang mit Patienten gelernt hatte. Allerdings war er wohl bei der Theorie stehengeblieben. Sicher hatte er auf seinem Block »aufstehen und sich dem Patienten nähern« notiert, das bezog sich aber nur auf den äußeren Handlungsablauf, und er ignorierte völlig die damit verbundenen Gefühle.

Ich erinnere mich noch an jenen rothaarigen Jungen, mit dem ich eine Zeitlang auf einem Zimmer lag. Der hatte einst geglaubt, sein letztes Stündlein habe geschlagen, weil der Arzt bei ihm aufgestanden war. In Wirklichkeit wollte der jedoch nur eine Tasse Kaffee, goss sie sich ein und setzte sich dann wieder hinter den Schreibtisch. Der Rothaarige atmete auf, so viel Glück hatte ich jetzt allerdings nicht.

»Wir können dir hier in der Klinik alle nötigen Mittel zur Verfügung stellen, um die Schmerzen zu lindern«, sagte der Arzt in seinem üblichen emotionslosen Tonfall.

Er verwendete das Wort »Schmerz«, meinte damit aber eigentlich den Tod. Mit den »Mitteln« waren Morphium und ähnlicher Mist gemeint, durch den ich die letzten zwei oder drei Tage vor mich hin gedämmert oder sogar bewusstlos gewesen wäre. Und ich wusste bereits lange, dass ich *so* wirklich nicht sterben wollte.

Versteht mich da jetzt nicht falsch, ich hatte schon Angst vor dem Tod. Eine Riesenangst, aber ich wollte den Moment bewusst miterleben. Ich hatte viel zu viel mitgemacht, um das Ende jetzt zu verpassen.

Ich will hier gar nicht darüber reden, was ich hatte, welche Krankheit mich zum Tod führen sollte und was ich alles durchmachen musste. Damit würde ich mich ja doch nur in meinem Elend suhlen. Schmerz ist immer ähnlich: Wenn du ihn spürst, ist er unerträglich. Wenn er dann vergeht, vergisst du ihn schnell wieder.

Mit emotionalem Schmerz ist es genau umgekehrt: Wenn er zum ersten Mal auftritt, kannst du nicht einmal erahnen, wie sehr er im Laufe der Zeit wehtun wird.

Ich konnte die Angst des Arztes davor spüren, das Wort »Tod« auszusprechen. Und dann machte ich, was ich mir schon so lange gewünscht hatte: Zum ersten Mal

in meinem Leben versetzte ich jemandem einen Faust-
hieb. Ich hatte mich online informiert, um mir dabei keinen Finger zu brechen, aber das tat echt weh. Selbst wenn
man zehn verschiedene Seiten anklickt, erzählt einem
das Internet ja doch nie die ganze Wahrheit.

Dann verließ ich ohne einen Blick zurück das Sprech-
zimmer und das Krankenhaus. Ich wusste, wohin ich
mich auf den Weg machen würde, hier wollte ich jedenfalls nicht sterben.

Auf dem Flur näherte sich eine junge Krankenschwester, zu der ich ein gutes Verhältnis hatte, und hielt mir
eine Tüte mit Medikamenten hin. Ich hatte während der
langen Kliniknächte manchmal mit ihr darüber gesprochen, was ich vorhatte. Das waren ganz besondere Momente gewesen. Ehrlich gesagt, hatte ich ja gehofft, dass
zwischen uns vielleicht was laufen würde, aber sie empfand mir gegenüber vermutlich nur zärtliches Mitleid.
Und was Abtörnenderes gibt es wohl kaum.

Den Beutel mit Medikamenten nahm ich nicht an. Ich
wollte von dort nichts mitnehmen. Tatsächlich besaß ich
im Leben so gar nichts, mit meinen siebzehn Jahren hatte ich weder Eltern noch Geschwister, kein Zuhause …
Nur jenen Schlüssel um meinen Hals, der zum Haus auf
der Klippe gehörte. Keine Ahnung, warum mein Vater

mir das vermacht hatte, ich war nie wieder dorthin zurückgekehrt.

Im Aufzug zerfetzte ich meinen blauen Schlafanzug sowohl an den Ärmeln als auch an den Hosenbeinen. Ich wollte nicht wie ein Kranker aussehen. Über vier Stockwerke hinweg hatte ich genug Zeit, mein Äußeres zu verändern.

Als sich die Lifttüren öffneten, drohte mich der Geruch der Besucher zu überwältigen. Die rochen immer so neu. Sie trafen hier mit ihren frischgewaschenen Gesichtern und sauberen Klamotten ein, und dann kamen ihnen diejenigen entgegen, die die Nacht in der Klinik verbracht hatten und wie nach einer langen Flugreise rochen. Und im Aufzug fand dann die Wachablösung statt.

Über Besucher wusste ich allerdings recht wenig. Das Leben hatte mir so viel genommen, und mir blieb trotz meiner Jugend niemand mehr, der mich hätte besuchen können.

Ich verließ den Aufzug, blieb am Ausgang stehen und schaute hinaus. Dieses »Zuhause« zurückzulassen fiel mir nicht leicht.

Nun schob ich mir die Kopfhörer, die ich immer bei mir trug, in die Ohren. Musik war mein Ein und Alles, auch wenn ich auf dem linken Ohr taub war. Deshalb begleitete mich seit meiner Geburt ein blaues Hörgerät, mit dem ich eine Hälfte von mir mit der Welt verbinden oder von ihr abwenden konnte.

Ich glaube, Nietzsche hat mal gesagt, dass ein Leben ohne Musik ein Fehler ist. Ich würde sogar hinzufügen, dass ein Leben ohne vernünftige Kopfhörer ein Sakrileg ist.

Aus meinen erklang jetzt »Tu vuò fà l'americano« (etwa »Du bist ein Möchtegern-Amerikaner«), das ganze Krankenhaus schien sich im neapolitanischen Rhythmus zu bewegen. Und ich fing an, auf einem Zettel zu zeichnen, was ich mit diesem Arzt erlebt hatte. Ich hielt die Szenen meines Lebens gern mit solchen Skizzen fest, das war meine Art des Tagebuchschreibens, für Wörter hatte ich nämlich nicht so viel übrig. Während ich die gerade verstrichenen Minuten zu Papier brachte, begleiteten mich dabei nur Laute, das Reiben des Bleistifts auf dem Zettel eingeschlossen.

Es hatte mir immer schon gefallen, der Welt den Takt vorzugeben. Den Geräuschen der Straße hörte ich hingegen nie zu, die fand ich eher unangenehm. Die Leute redeten ja doch immer nur über dasselbe und beschwerten sich ständig über das Leben, ihren Partner, ihre Arbeit. Dabei bringt Klagen doch gar nichts.

Ich war ja immer schon der Meinung, dass Probleme an sich nicht existieren, die erschafft man in Gedanken bloß selbst.

Ein Problem ist bloß der Unterschied zwischen deinen Erwartungen und dem, was du in Wirklichkeit vom Leben und den Menschen bekommst.

2

Im Moment macht doch jeder,
was er für seine Pflicht hält …
Und was hat es uns gebracht?

Da stand ich nun mit meinem zerrissenen Pyjama und
meiner Musik wie erstarrt vor dem Ausgang und wusste
einfach nicht, ob ich die richtige Entscheidung getroffen
hatte.

Schließlich konnte ich auch in Zimmer 371 sterben,
das während der letzten fünf Jahre mein Zuhause gewesen war. Dort könnte man mich unter Medikamente setzen, und es würde mich ein Sozialarbeiter begleiten, der
versucht, emotionalen Zugang zu mir zu finden. Oder
ich konnte mich auf ein Abenteuer einlassen und stattdessen ins Grandhotel gehen. Keine Ahnung, wer von
den anderen Kranken mir zum ersten Mal vom Grand-

hotel erzählt hatte. Das war ein Hirngespinst, ein Phantom, von dem ich seitdem Hunderte Male gehört hatte. Trotzdem war ich mir nie sicher gewesen, ob es das tatsächlich gab. Aber ich fand es toll, dass nie von einem Hotel, sondern immer nur vom Grandhotel die Rede war, das klang ganz besonders vornehm.

Ich glaube, ich habe davon durch meinen ersten Zimmergenossen im Krankenhaus erfahren. Dieser Mann hatte ein tolles Leben, als er krank wurde, vermutlich wollte er seinen Tod deshalb nicht akzeptieren.

Je mehr man hat, desto tiefere Wurzeln schlägt man auf dieser Welt, und desto schmerzhafter ist der Verlust.

Von allen Hotels, in denen er übernachtet hatte, fand mein Zimmernachbar das in Rimini am faszinierendsten. Er erzählte mir, dort sei Fellini gestorben. Ich hatte daran ja so meine Zweifel. Ich suchte es im Internet (meinem Verbündeten gegen die Lügen, mit denen sich Leute nur interessant machen wollen), und da stand vielmehr, dass er in Zimmer 315 dieses Hotels einen Herzinfarkt hatte und dann ins Krankenhaus gebracht wurde, wo er starb.

Aber mich wundert es gar nicht, dass seine Wahrheit ein wenig von der Wirklichkeit abwich. Dieser Typ hat die Dinge nämlich immer zusammengefasst, wie er mir einmal verriet. Seiner Meinung nach war die Realität viel zu langatmig, man müsste sie verändern oder anpassen, damit die anderen dir zuhörten.

Er hatte irgendwas Unheilbares mit der Leber, an die genaue Bezeichnung der Krankheit erinnere ich mich aber nicht mehr. Wenn der Arzt bei ihm zur Visite kam, schob ich mir immer die Kopfhörer in die Ohren, um seine Privatsphäre zu respektieren.

Er hatte solche Schmerzen, dass er exakt alle fünfzehn Sekunden aufschrie. Das waren fürchterliche Schreie. Irgendwann schlug ich ihm dann vor, diese Schreie in Musik zu verwandeln und stattdessen zu singen. Er hätte seinen Schmerz doch nutzen können, um Tonhöhen wie ein Opernsänger zu erreichen. Da ich Musik so liebte, dachte ich irgendwie auch, in Töne umgewandelter Schmerz würde sich vielleicht auflösen.

Mein Zimmernachbar probierte es zwar, die Verwandlung von schlimmen Schmerzen in schrille Noten klang jedoch äußerst befremdlich. Aber er vertraute mir eben und respektierte mich, genau wie ich ihn, vor allem bei den Besuchen seiner Töchter.

Während dieser zwei Stunden schluckte er nämlich alle Schmerzen runter. Ich habe keine Ahnung, wie er das hinkriegte, aber es gelang ihm, die verstörenden

Schreie vollkommen zu unterdrücken. Mich erinnerte das immer an Fußballspieler, die sich mit Medikamenten vollpumpen, um das Match ihres Lebens zu überstehen. Mir tat schon allein der Gedanke daran weh, wie sehr er wohl unter dem angestauten Schmerz leiden musste. Wenn seine Töchter dann wieder weg waren, stieß er ein Heulen aus, das in der ganzen Klinik zu hören war und sich in ein aus der Brust kommendes C verwandelte.

Seine Töchter waren Zwillinge. Er hatte mir mal erzählt, dass seine Frau ein paar Jahre zuvor bei einem Autounfall ums Leben gekommen war und auch das Leben einer Tochter auf der Kippe gestanden hatte. Wenn er über seine Frau sprach, war er immer ganz bewegt. Er hatte mit der Frau seines Bruders ein neues Leben angefangen, aber ich glaube, seine verlorene Liebe konnte er niemals vergessen.

Er erzählte mir auch, sein Vater sei Regisseur gewesen; deshalb hatte ihn auch die Geschichte von Fellinis letzten Jahren im Hotel von Rimini so begeistert. Ich nehme mal an, die Beziehung zu seinem Vater war schwierig.

Er schenkte mir Fellinis *Buch der Träume*, ein dickes Werk mit Bildern und Texten darüber, was der Meister jede Nacht so träumte. Ich fand es einfach super, als in jenem heißen Sommer ein riesiges Paket für mich gebracht wurde. Der Paketbote war so jung wie ich und schien zum ersten Mal etwas in einem Krankenhaus abzugeben. Er hielt sich die Hand vor den Mund, so als hätte er Angst, sich mit irgendwas anzustecken. Wahrscheinlich wusste er selbst nicht einmal, womit eigentlich.

Er sah ziemlich gut aus, aber Schönlinge sind ja von Natur aus Angsthasen, die fürchten nämlich den Verlust ihrer Attraktivität, ihres tollen Teints oder Haares. Mann, wie viel Zeit die mit solchen Sorgen vergeuden, statt diese naturgegebenen Eigenschaften einfach zu genießen!

Ich unterschrieb den Lieferschein mit dem Kuli des Paketboten, er wollte den Stift aber nicht zurückhaben. Vermutlich hatte er Angst vor Mikroben.

»Du solltest dir einen aus Kupfer zulegen«, riet ich ihm deshalb.

»Aus Kupfer?«

Er kapierte gerade gar nichts.

»Kupfer tötet Bakterien ab, der tötet alles ab. Kauf dir doch einen Stift aus Kupfer.«

Das hatte mir übrigens ein Junge aus Santiago de Chile verraten, der wegen einer Transplantation angereist war. Ich weiß jetzt nicht mehr, ob es die Leber oder eine Niere war. Aber ich erinnere mich noch genau daran, dass er mir erzählte, wie sehr man in Chile Kupfer liebt. Das ist ihr wichtigstes Produkt, dort wird es aus dem Herzen der Erde gewonnen. Der Junge sprach mit solcher Leidenschaft von diesem Material, dass ich beschloss, es auch zu einem Teil meines Lebens zu machen. Ich hatte noch nie ein Problem damit, mir bei guten Argumenten fremde Leidenschaften zu eigen zu machen.

Auf jeden Fall fand ich es damals besonders toll, dass meine Zimmernummer auf dem Paket stand. Das kam mir so vor, als hätte ich wirklich ein Zuhause. Irgendwo eine Postanschrift zu besitzen verstärkt wohl das Gefühl, einen Ort für sich selbst zu haben.

Im Paket waren Filme, Bücher und Filmmusik von Fellini und Visconti. Fellini fand ich jetzt nicht so toll, mal abgesehen vom Reigen am Ende des Films »Achteinhalb«, bei dem »La passerella di addio« von Nino Rota lief. So stelle ich mir einen guten Abschied vor, es sollen im Takt der Blasmusik all die Leute auflaufen, die man mal geliebt hat. Dieses Ende hab ich schon so oft gesehen, dass es mir vorkommt, als hätte ich es selbst miterlebt, als wäre es eine Szene aus meinem eigenen Leben.

Und erstaunlicherweise war es das ja auch ...

Das alles erzähle ich euch hier, weil mein erster Zimmernachbar gern an einem Ort sterben wollte, den er »Grandhotel« nannte. Er erklärte, dass eine Stiftung es

Todkranken ermöglichte, ihre letzten Tage an einem idyllischen Ort zu verbringen.

Man musste nicht einmal etwas zahlen, doch man war da ja auch nicht für lange. Er stellte einen Antrag, wurde aber nicht genommen. Dafür musste er nämlich beweisen können, dass er im Sterben lag und dass sich während seiner letzten Tage niemand um ihn kümmern konnte. Kurz gesagt musste man dafür also ein Hungerleider mit einem Scheißleben sein.

Er hingegen hatte die Zwillinge, deshalb hat man ihn nicht genommen, dabei wollte er denen doch gerade ersparen, ihn sterben zu sehen.

Wie traurig er wurde, als man ihn ablehnte!

Aber er gab mir die Kontaktinformationen des Grandhotels für den Fall, dass ich sie mal brauchen sollte. Das tat er mit Taktgefühl und der Hoffnung, es würde nie so weit kommen, gleichzeitig aber auch mit der Sicherheit, dass es irgendwann so weit sein würde. Und das wussten wir beide. Mein Leiden ging zwar nicht mit Schmerzen einher, war aber genauso tödlich wie seins, weniger laut, doch genauso effektiv.

Zu jener Zeit erfüllte ich alle Bedingungen, nur im Sterben lag ich noch nicht. Aber ich wusste, dass ich auch diese Voraussetzung bald erfüllen würde.

Als ich spürte, dass mein Ende nahte, schrieb ich ihnen eine E-Mail und bekam innerhalb weniger Stunden die Zusage. Man hatte für mich einen Platz reserviert.

Wenn es »so weit« sei, müsse ich nur Bescheid geben, und dann setzten sich die Räder in Bewegung.

Nun war der Tag gekommen, ich würde anrufen und mich auf den Weg ins Grandhotel machen.

Und jetzt beschloss ich auch endlich, auf die Straße hinauszutreten und die Eingangshalle hinter mir zu lassen, die mich lähmte.

Nun hieß es mutig sein.

Die Luft draußen kam mir wie ein Geschenk vor.

Ich fühlte mich wie neugeboren.

Jetzt brauchte ich für das Telefonat nur noch ein Handy. Ich beschloss, einen der ankommenden Besucher darum zu bitten, aber das würde gar nicht so einfach werden. Das Mobiltelefon enthält so viele Geheimnisse, man gibt es nicht gern aus der Hand.

Ich entschied mich für eine etwa dreißigjährige Frau mit sanften Gesichtszügen, die in ihrer riesigen Handtasche ihr ganzes Leben mit sich herumzutragen schien.

»Könnten Sie mir vielleicht kurz Ihr Handy leihen? Der Anruf dauert auch nur eine Minute.« Ich unterstützte meine Bitte mit einem Lächeln.

Die Frau zögerte.

»Ich muss jemandem Bescheid sagen, dass ich sterben werde.« Mein Lächeln versiegte.

Da reichte sie mir augenblicklich das Telefon. Ich streifte ihre Hand, als ich danach griff, und konnte den Nachhall ihres Verlusts in meinen Fingerspitzen spüren.

Mit jeder Ziffer, die ich eintippte, kam ich dem Beginn meiner Reise ein wenig näher. Mit der letzten Zahl würde das Abenteuer beginnen.

Als die Person am anderen Ende der Leitung ja sagte, konnte ich an nichts anderes mehr denken als an meinen ersten Zimmergenossen und an die unglaubliche Ansprache, die er kurz vor seinem Tod für mich gehalten hatte, als seine Schmerzensschreie bereits alle fünf Sekunden erklangen …:

Die Basis für alles ist die Überzeugung, dass
du heute noch sterben wirst. Sie verleiht dem
Leben einen Sinn, mehr gibt es nicht.
Und wenn du am nächsten Tag doch wieder aufwachst, dann ist die Freude groß, weil man dir
weitere vierundzwanzig Stunden geschenkt hat.
Ruf dir jeden Tag in Erinnerung, dass du
ihn auf deine Art und Weise verbringen

musst. Was bringt es denn, nach den Regeln
anderer zu leben? Die lassen dich glauben,
dass du noch tausend Jahre vor dir hast,
damit du dich nicht auf die Gegenwart
konzentrierst.

Nein, wir werden nicht noch tausend Jahre
leben, sondern nur einen Tag. Und dann noch
einen und noch einen. Wenn du so denkst,
bringen sie dich nicht mit ihren Tricks dazu,
dein Leben zu verpfänden.

Überleg doch mal, wenn dir nur noch ein Tag
bliebe, würdest du dann arbeiten? Oder deine
Rechnungen bezahlen? Würden dich die
Nachrichten interessieren?

Oder würdest du lieber versuchen, dich zu
verlieben? Spielen? Lachen? Lieben? Schreien?
Singen? Was würdest du machen?

Verstehst du? Du musst nichts tun, was du
nicht willst. Zwing dich zu nichts, was du
nicht brauchst. Lebe jede Sekunde, genieße
die Minuten.

Und vergiss vor allem die ganzen Pflichten,
die sind nämlich ein Teufelskreis. Wenn du in
diesem Kreislauf erst einmal feststeckst, bringt

das immer nur neue Verpflichtungen mit sich. Immer.

Im Leben nach fremden Regeln verstellt dir die Stadt den Blick auf deine Seele. Diese riesigen Gebäude hat man da hingebaut, damit du nichts anderes siehst.

Wenn du diese Theorie über die Freiheit erklärst, über die Freiheit von Pflichten, dann werden alle sagen: »Wenn das jeder macht, wenn alle frei von Pflichten, Wünschen und Entscheidungen wären … Was soll dann aus der Welt werden?«

Und darauf erwiderst du nur: »Im Moment macht doch jeder, was er für seine Pflicht hält … Und was hat es uns gebracht?«

Das Problem besteht nicht darin, dass wir nur zehn Prozent unseres Gehirns anwenden, sondern darin, dass wir nicht einmal zwei Prozent der Gefühle in unserem Herzen benutzen.

Als er diese Rede hielt, wirkte mein Zimmernachbar nicht etwa traurig oder betrübt. Er sprach, als wüsste er, was er da sagte, als hätte er aus seinen eigenen Fehlern gelernt. Und wenn etwas wahr ist, dann kann man es akzeptieren, selbst wenn man mit der Präsentation nicht einverstanden ist.

Als er dann starb, erinnerte mich sein Schmerzensschrei an das Ende der Arie »E lucevan le stelle«. An jenes »Addio a la vita« aus »Tosca«:

E non ho amato
mai tanto la vita,
tanto la vita!

Und niemals habe ich
das Leben,
das Leben so sehr geliebt!

Das verstand ich jetzt nur zu gut. Auch ich hatte das Leben noch nie so sehr geliebt wie in dem Moment, in dem ich es zu verlieren begann. Dabei wusste ich gar nicht, warum eigentlich, schließlich hatte mir die Welt so viel genommen. Ich konnte noch nicht verstehen, warum ich dann so sehr um meinen Platz auf Erden kämpfte.

Aber die Reise an mein Ende oder zu meinem Anfang hatte begonnen.

Ich würde auf meinen Tod zureisen.

3

Ich wache auf, ohne dass ich es will
Ich träume und kann es nicht kontrollieren
Ich liebe, aber nicht die, die ich lieben will

Und da saß ich nun in jenem Flugzeug in was weiß ich wie vielen Metern Höhe und düste in einer Wahnsinnsgeschwindigkeit durch die Luft. Eins war sicher, der Wettlauf gegen die Zeit hatte begonnen.

Erst beim Einsteigen war mir bewusst geworden, wie wütend ich eigentlich war, weil ich die Welt bald verlassen würde. Und auch wegen all der Dinge, die mir zugestoßen waren, selbst wenn ich vorgab, damit ganz gut klarzukommen.

Gegen das Leben kann man eben nicht ankämpfen, es ist wie ein Strudel, reißt einen so unkontrollierbar mit wie die Strömungen im Meer.

Und am Ende handelt man dann gar nicht mehr bewusst. Diese Lebensströmung zerrt dich immer schneller mit, und so kam mir die ganze Sache jetzt vor. Dieses Flugzeug war nichts anderes als ein Sinnbild für mich selbst. In schwindelerregendem Tempo hielt ich nun kurz vor meinem Ende auf ein Ziel zu, während ich selbst ganz still dasaß.

Ich schaute mir meine Mitreisenden an. Na ja, ich sage »Mit-Reisende«, weil ich sie wohl irgendwie benennen muss, aber in Wirklichkeit wechselte niemand ein Wort mit jemand anderem, mal abgesehen von den Leuten, die zusammen gekommen waren. Diese Regel brach nur, wer die Armlehne herausklappen oder aufs Klo wollte und danach zu seinem Sitz zurückkehrte.

Und manchmal bekamen sie selbst dann nicht einmal den Satz »Darf ich mal vorbei?« heraus, weil eine Art kehliges Geräusch schon als Signal reichte. Für mich hatte das alles keine große Bedeutung, da die Verhaltenscodes zwischen Menschen ihre Ängste und Wünsche, ihre Moral bemänteln. Wir verstecken uns nur hinter Kleidern, Frisuren, Düften und Blicken.

O ja, Blicke! Die meisten davon waren nämlich falsche Blicke, kein Abglanz der Seele oder der Ängste der jeweiligen Person.

Mir war klar, dass diese Gedanken mit dem Beginn meines neuen und dem Ende meines alten Lebens zu tun hatten. Ich hatte vor nichts Angst, weil ich spürte, dass mich das Universum belohnen würde, wenn ich nur meinem Pfad folgte und alles richtig machte.

Eine Stimme tief in mir rief mir noch einmal die Worte meines ersten Zimmernachbarn in Erinnerung: »Hast du nicht die Nase voll von der Angst? Davon, die Konsequenzen deiner Taten zu fürchten?«

Ich beschloss, dass es jetzt gut sein musste mit der Angst, mit der Flucht vor meinem Los, damit, nach Regeln zu spielen, die ich mir nicht selbst auferlegt hatte.

Aus der stratosphärischen Höhe des Flugzeugs schaute ich auf die Welt hinunter und schrie innerlich so laut, wie es die maximale Dezibelzahl meiner Gedanken erlaubte:

Ich mag euch nicht.
Mit euren Verhaltenscodes.
Der Art, wie ihr eure Kinder erzieht.
Ich will von euch nicht gezwungen werden,
so zu sein.
Ich mag die Menschen nicht, in die ihr uns
verwandelt!

Im Flugzeug blieben alle ganz ungerührt sitzen. Ich fand ja, dass Gedanken über andere Lautsprecher übertragen werden sollten als die eigene Kehle.

Und ich frage mich, warum Menschen eigentlich reisten.

Was wollten sie denn an fremden Orten?

Was trieb sie dorthin? Arbeit? Oder die Liebe? Wollten sie sich da erholen?

Würde ich sie das jetzt fragen, bekäme ich mit Sicherheit Ängste als Antwort. Uns bewegt die Angst, unseren Platz in der Welt zu verlieren.

Wie viel brauchen wir eigentlich wirklich zum Leben? Damit meinte ich jetzt nicht Geld, sondern wie viel Liebe und Sex, wie viele Wünsche?

Und dann fiel mir wieder ein, dass ich in der Nacht davor einen erotischen Traum hatte. Normalerweise ging es bei solchen Träumen ja immer um Körper und nackte Haut. Dieser hier war jedoch anders und der beste seit Monaten gewesen.

Zusammenfassend konnte man ihn wohl als eine Drehung rund um einen anderen Körper und einen seltsamen Kuss bezeichnen.

Und der Kuss begann genau in dem Moment, in dem mich die Krankenschwester dann weckte. Leider erinnerte ich mich an den Rest nicht mehr. Der war wie weggewischt.

Aber ich hatte das Gefühl, dass mich jemand aus meiner Vergangenheit oder Zukunft damit vor der Zündschnur warnen wollte, die ich jetzt entzünden würde.

Und in diesem Moment spürte ich, dass ich alles unter Kontrolle hatte, wenn ich meine Sache richtig machte. Ich fühlte, dass der Sog des Meeres nachließ, ich wieder an die Oberfläche kam und mich von einer Last befreit hatte.

Aber das war ein trügerisches Gefühl, weil ich noch oft genug auf meine Ängste treffen würde.

Ich hatte noch nie ein Gedicht geschrieben und die eigentlich auch nie verstanden, aber jetzt war es mir ein Bedürfnis.

»Cabin Crew, prepare for landing, twenty minutes«, sagte jetzt der Pilot.

Diese verschlüsselte Nachricht an seine Kollegen, die doch alle mithören, fand ich immer schon faszinierend.

Ich schrieb meine Verse auf eine Brechtüte, das erste Stück Papier, das ich in die Finger bekam:

Ich wache auf,
ohne dass ich es will.

Ich träume
und kann es nicht kontrollieren.

Ich liebe,
aber nicht die, die ich lieben will.

Ich bumse,
aber nicht so, wie ich es gern würde.

Ich denke
an Dinge ohne Wert.

Ich arbeite
und kriege dafür nur Geld.

In verrücktem Tempo
werde ich alt.

Ich bewundere
all die, die diese Verben nicht konjugieren.

Ich wache auf,
ohne dass ich es will.

Als ich mein Gedicht zu Ende geschrieben hatte, wurde mir klar, dass sie mich beobachtete: Eine junge Frau so um die zwanzig hatte sich in Reihe zwei zu mir umgedreht und sah mich an, als hätte sie meinen inneren Rhythmus gehört, den ich hier in Reime goss. Aber das war doch unmöglich, niemand konnte die Gedanken eines anderen bemerken und verstehen …

Doch die junge Frau bewegte nun die Lippen, und obgleich sie nicht laut sprach, erkannte ich, dass sie das Ende meines Gedichtes vor sich hinsagte: »Ich wache auf, ohne dass ich es will.« Und dann fügte sie auf diese stille Art der Kommunikation noch eine Frage hinzu: »Warum willst du denn nicht?«

Es lief mir kalt den Rücken hinunter, und ich wusste nicht, was ich sagen sollte.

Das Flugzeug ging in den Sinkflug, und es erklang diese alberne Hintergrundmusik, mit der man den Passagieren die Angst nehmen will.

Uns trennten elf Reihen.

Nur noch zehn Sekunden bis zur Landung.

Und ich war nicht mehr sicher, ob ich wollte.

Nun. begann das Flugzeug nach Parfüm zu riechen, weil die Passagiere wie nach einem Krankenhausbesuch versuchten, den Geruch der Reise zu übertünchen. Sie wollten verschleiern, wer sie waren, was sie hatten, was ihnen fehlte.

Und die junge Frau beobachtete mich immer noch.

Was würde sie tun, wenn das Flugzeug am Boden aufkam? Würde sie mit mir sprechen? Oder mich weiterhin einfach ansehen? Würde sie mir mein Los enthüllen?

Ein Schlag rüttelte das Flugzeug durch.

Und je größer meine Angst wurde, desto mehr erzitterte das Flugzeug jetzt. Es kam mir so vor, als wäre es ein Spiegelbild meiner Ängste, ein Lautsprecher meiner Unsicherheit.

Und dann landeten wir. Aber als ich wieder zu der jungen Frau hinüberschaute, sah sie mich schon nicht mehr an. Ja, ich konnte sie nicht einmal mehr entdecken, es war, als hätte ihre Umgebung sie verschluckt.

Hier und da wurde applaudiert. Mir erschien es jedoch, als würde man hier nicht den Job des Piloten, sondern das Scheitern meiner Fantasie beklatschen oder den Erfolg meines vereitelten Wunschs.

Ich betrachtete jenes hingekrakelte Gedicht auf der Brechtüte.

Nun konnte ich den Blick nicht mehr vom letzten Vers abwenden, der alles zusammenfasste, was mich ausmachte. Wann würde ich mir wohl erlauben, anders zu sein?

Ich wache auf,
ohne dass ich es will.

4

Wie tausendjährige Drachenbäume kranke Kinder wiegen

Als ich aus dem Flugzeug stieg, wurde mir klar, dass mir keins dieser Gesichter je wieder begegnen würde. Ich betrachtete die anderen wie jemanden, der sich von potenziellen, aber nun entgangenen Erfahrungen verabschiedete. Nervös suchte ich dabei auch nach der jungen Frau, weil ich unbedingt sicher sein wollte, dass es sie wirklich gab. Aber sie war nicht da.

Am Ausgang des Flughafens entdeckte ich ein Schild mit der Aufschrift »Grandhotel« und meinem Namen. Ein etwa zehnjähriger Junge neben einem gelben Cabrio hielt es hoch. Auf dem Rücksitz des Wagens hockte ein Hund. Das war wirklich das Absurdeste, was ich seit Langem gesehen hatte, irgendwie obskur und doch frisch zugleich.

Als ich mich näherte, umarmte mich der Junge, der nach Strand und Sonnencreme roch.

Dann ließ er sich auf dem Fahrersitz nieder, und als ich mich neben ihn setzte, beschnüffelte mich der Hund. Ich stellte fest, dass ihm ein Stück Ohr fehlte. Der Junge fuhr los, und als wir zwei Straßen später eine Art Autobahn erreichten, jagte er den Wagen auf 180 Stundenkilometer hoch.

Er machte das Radio an, und es erklang »Tu vuò fà l'americano« in voller Lautstärke. Dass hier bei meiner Ankunft derselbe Song lief wie zuvor bei meinem Abschied, fand ich symbolträchtig. Zwei Sekunden lang versuchte ich, den Sinn dahinter zu ergründen, aber dann ließ ich es gut sein. Dafür hatte ich jetzt keine Zeit.

Der Junge drückte immer weiter aufs Gas, er fuhr im Takt von »Tu vuò fa …«. Wenn der Song an Intensität zunahm, beschleunigte er auch.

Seine Bräune war absolut perfekt, und ich konnte nicht sagen, ob es sich bei ihm um einen Patienten, den Verwandten eines Arztes oder jemanden von der Organisation handelte. Perfekte Bräune kann jede Krankheit überdecken, so tödlich sie auch sein mag.

Schließlich erreichten wir einen Hafen, der Junge fuhr mit dem Wagen auf eine kleine Fähre, und ich sah zu meiner Überraschung, dass wir auf eine andere Insel übersetzten. Eigentlich hatte ich gedacht, ich sei schon am Ziel angekommen.

Während der ganzen Überfahrt, die etwa vierzehn Minuten dauerte, ließ der Junge Motor und Musik laufen; und es kam mir so vor, als könne er jeden Moment wieder aufs Gas treten.

Unser Wagen war der einzige auf der Fähre.

Der Mann, der sie steuerte, hielt sich von uns fern, als hätte er Angst, er könne sich bei uns anstecken. Von Zeit zu Zeit schaute der Junge herausfordernd zu ihm hinüber, und der Hund bellte stakkatohaft in seine Richtung. Mich erinnerte die Scheu des Mannes an den Paketzusteller im Krankenhaus. Das war der zweite Zufall, aber ich maß ihm weiter keine Bedeutung bei, ich wollte nur endlich ankommen.

Als wir unser Ziel erreichten, fand ich diese Insel viel schöner als die erste, ihr Licht war faszinierend. Der Junge fuhr wieder los, und sein Fahrstil blieb auch hier riskant.

»Ist es noch weit?«, fragte ich. Das musste ich jetzt unbedingt wissen.

Die Straße war von Dünen gesäumt, die unter der brennenden Sonne leuchteten, und hinter ihnen lag dann das Meer.

»Weit oder nicht weit, wen schert das schon?«, antwortete der Junge.

Nach jedem Satz lachte er, und es war eine Art Eichhörnchenlachen. Die beiden angeschlagenen Schneidezähne verliehen ihm ein harmloses Aussehen.

Ich beschloss, direkt zu sein. »Stirbst du etwa auch?«

Für einen Moment schien er auf die Bremse treten zu wollen, stattdessen fuhr er nur noch schneller.

»Ja … aber mit Klasse, wie du siehst«, antwortete er.

Mehr fügte er nicht hinzu, bis irgendwann der Motor absoff und das Cabrio innerhalb von Sekunden zum Stehen kam. Als wir ausstiegen, hielt sich der Hund ganz dicht beim Jungen und schien ihn zu beschützen.

Von der warmen Luft und dem Sand der Dünen war ich plötzlich hellwach. Bei der vierzig Grad heißen Luft brannten mir die Wangen, als sei ich plötzlich in die Hölle hinuntergestiegen, die Hitze war wie eine Ohrfeige. Wäre ich nicht sowieso schon halbtot gewesen, wäre es mir spätestens jetzt so vorgekommen, als hätte mein letztes Stündlein geschlagen.

Der Junge fing an, am Motor herumzufummeln, erreichte jedoch nichts.

Und ich hockte mich mitten auf die Fahrbahn. Es sah ja nicht so aus, als würde hier noch jemand anders auftauchen. Der Motor war tot, so wie auch wir es in ein paar Tagen sein würden.

»Das Auto ist tot, so wie …«, begann nun der Junge.

»Ich weiß«, schnitt ich ihm das Wort ab.

Wir hatten dieselbe Art von Galgenhumor, das brachte die Situation wohl mit sich.

»Plan B«, sagte der Junge.

Er pfiff in Richtung Dünen, was eigentlich ein bisschen albern war. Damit würde er dort wohl keinen Mechaniker hervorlocken. Trotzdem pfiff er noch ein zweites und ein drittes Mal, und plötzlich erschienen dort zwei Dromedare, die auf uns zukamen.

Plan B bestand vermutlich darin aufzusteigen, damit uns die Dromedare zu unserer letzten Station im Leben brachten. Mir machte das Angst, weil ich noch nie auf einem Tier geritten war, weder auf einem Pferd noch einem Esel oder Ähnlichem. Diese riesigen Viecher flößten mir ordentlichen Respekt ein.

»Das sind Dromedare«, erklärte der Junge.

»Das ist mir ziemlich egal, nur komme ich da bestimmt nicht hoch«, entgegnete ich.

Er ignorierte meinen Einwand einfach und erklomm blitzschnell eins der Tiere, dabei sah er dafür viel zu klein und schwach aus. Ich zögerte immer noch.

»Warum versuchst du es nicht einfach? Was kann denn schon passieren? Dass du dabei umkommst?«, rief er lachend. »Außerdem hast du auch keine Wahl.«

Sein schwarzer Humor nervte zwar, aber er hatte ja recht.

Ich beschloss, es zu probieren. Allerdings machte ich beim Aufsteigen einen so großen Satz, dass er mich direkt auf die andere Seite des Dromedars beförderte. Das Tier lachte, der Junge fiel mit ein, und der Hund schien zu heulen.

»Mit weniger Schwung.«

»Schon klar.«

Ich versuchte es erneut, diesmal mit mehr Erfolg.

Dann trotteten die Dromedare los, oder wie das bei denen auch immer heißen mag, während ich versuchte, meine Unsicherheit vor dem Reittier zu verbergen.

Der Hund folgte uns, als wir zwischen den Dünen hindurchritten. Ich war müde, auf dem Weg zu meinem letzten Ziel waren einfach zu viele Transportmittel nötig gewesen: Flugzeug, Auto, Schiff und jetzt auch noch diese Höckertiere.

Die Dünen schlängelten sich um uns herum, und der harte Dromedarrücken unter mir war nicht sehr angenehm.

Nach ein paar Minuten entdeckte ich in der Ferne ein Bauwerk – das Grandhotel, nahm ich mal an.

Ich betrachtete das Gebäude in dem Wissen, dass ich es nie wieder verlassen würde. Dabei empfand ich keine Angst, nicht einmal Beklemmung, nur eine seltsame Leere in mir.

Plötzlich trommelte der Junge auf dem Höcker seines Dromedars herum wie auf einem Schlagzeug und stimmte »Perfect day« von Lou Reed an, auch wenn sein Rhythmus sehr eigenwillig war und eher an eine Pachanga erinnerte:

Just a perfect day.
You made me forget myself.

Das war gar nicht schlecht, er sang ziemlich gut. Aber ich hatte keine Lust mitzusingen und wollte erst recht nicht mein Reittier als Trommel missbrauchen. Doch die Musik war immer schon stärker als ich, außerdem hatte dieser Junge mit dem Eichhörnchenlachen etwas an sich, dem ich nicht widerstehen konnte.

»Worauf wartest du noch? Deins will auch gern mitmachen!«, behauptete er und deutete auf mein Dromedar.

Ich zögerte, beschloss in meiner Müdigkeit jedoch, mich einfach mitreißen zu lassen. Ich fing an, auf meinem Dromedar zu »spielen« wie auf einem Musikinstrument, und – ungelogen – das klang wirklich toll.

Plötzlich kam es mir dann irgendwann so vor, als würden sich mein Reittier, der Wind und die ganze Welt im Takt des Stücks bewegen.

Ich fühlte mich siegreich und unsterblich.

An diesem verrückten und schiefen Tag »Perfect day« zu singen hatte etwas beinahe Heilsames an sich. Eigentlich fand ich den Song immer zu traurig, aber hier machten wir etwas ganz Neues daraus und gaben ihm damit eine geheimnisvolle Glückseligkeit.

Und in dem Moment, in dem dann die letzten Töne verklangen, erreichten wir auch unser Ziel: einen riesigen Leuchtturm, umgeben von mehreren kleineren Gebäuden. Die weißen Wände leuchteten grell vor der schwarzen Erde.

Gedankenverloren betrachtete ich diesen Ort, während der Junge genauso schnell von seinem Dromedar herunterrutschte, wie er aufgestiegen war.

Mit einem Mal änderte sich seine Stimme, als sei er plötzlich ein ganz anderer Mensch oder die Hauptfigur in einer anderen Aufführung.

»Willkommen! Ich bin dafür verantwortlich, dir hier alles zu zeigen. Viel gibt es ja nicht zu sehen, aber ich führe dich gern herum. Hat dir der Ritt gefallen?«

Plötzlich brach er in Gelächter aus, im selben Moment, in dem das gelbe Cabrio den Leuchtturm erreichte. Am Steuer saß ein etwa sechzehnjähriges Mädchen. Und jetzt wurde mir auch klar, dass sie mir mit den Dromedaren einen Streich gespielt hatten, das war wohl so eine Art Initiation für den Neuen gewesen. Dem Jungen blieb das Lachen im Hals stecken, als er meinen wütenden Gesichtsausdruck sah.

»Jetzt werd doch nicht sauer. Eine ungewöhnliche Art der Anreise ist immer empfehlenswert, um alles wirklich unvergesslich zu machen. Komm mit, ich zeig dir, wo du schläfst.«

Gefolgt von seinem Hund, rannte der Junge zum Leuchtturm rüber, und ich grüßte die junge Frau. Sie antwortete jedoch nicht und warf mir nur einen hasserfüllten Blick zu.

»Sie ist eher ein Nachtmensch«, kommentierte der Junge.

Dann betraten wir den Leuchtturm, in dessen Innerem eine riesige Wendeltreppe nach oben führte. Man konnte mehrere Stockwerke erkennen.

Wir gingen ins erste hoch, worin nur eine einfache Pritsche stand.

»Das geht nach der Reihenfolge der Ankunft. Du schläfst deshalb ganz unten, und über dir sind da noch ich, die Wütende und zwei andere, die du später kennenlernst«, erläuterte der Junge. »So, ich leg mich dann mal in die Sonne, wir sehen uns später. Wenn du noch irgendwas brauchst …«

»Und die Ärzte?«, fragte ich.

»Die gibt es hier nicht«, lachte er.

Er ging wieder hinaus, und ich folgte ihm, weil ich mehr Informationen brauchte.

»Und wo wohnen die anderen?«

»Wir sind hier maximal zehn Leute, der Ort ist ganz einzigartig und exklusiv. Nur zu schade, dass man im Sterben liegen muss, um hierherzukommen. *What a pity!*«, fügte er mit witzigem Akzent in seinem Englisch hinzu.

»Aber du hast doch nur von vier Leuten gesprochen …«, wandte ich ein.

»Na ja, ein paar haben wir verloren, und einer kämpft noch.« Er verstummte kurz und schien das noch näher erläutern zu wollen, was er dann aber nicht tat. »Wir sehen uns nachher beim Abendessen.«

Und dann zog er einfach davon. Der Hund sah mich einen Moment an, bevor er dem Jungen folgte. Ich wusste nicht, was ich jetzt tun sollte. Gern hätte ich meine wundervolle Umgebung erkundet, dafür war ich aber viel zu müde.

Dann entdeckte ich das wütende Mädchen in einer kleinen sandigen Bucht direkt beim Leuchtturm. Ich ging zu ihr hinüber, weil ihr hasserfüllter Blick meine Neugier geweckt hatte.

Jetzt fiel mir auch auf, dass eins ihrer Augen abgeklebt war, sie trug ein Pflaster mit einem Muster aus kleinen Flugzeugen. Wahrscheinlich sollte damit die Sehstärke des anderen Auges verbessert werden. Auf den ersten Blick bemerkte man das Pflaster hinter ihrer blauen Brille gar nicht.

Vor der jungen Frau stand ein Schachbrett mit einem begonnenen Spiel, von dem sie den Blick nicht einen Moment löste.

Sie sah gar nicht krank aus, daher fragte ich mich, was sie wohl hatte.

Eigentlich sah nie jemand wirklich todkrank aus, ich auch nicht, das hatte man mir oft gesagt. Ich war mir nie sicher, ob das eigentlich ein Kompliment oder ein Vorwurf sein sollte.

Jetzt bemerkte mich die junge Frau, sie wandte sich zu mir um und brüllte: »Ich will nichts von dir, dass das bloß klar ist! Und da ist mir auch egal, dass wir bald tot sind. Ich werd dir weder dabei helfen, deine Jungfräulichkeit zu verlieren, noch sonst irgendwas. Ich kann dich nicht leiden und werd dich auch nie mögen! Und erwarte von mir bloß kein Mitleid, das kriegst du nämlich nicht! Für so was musst du dich an den Jungen halten, der hat für jeden ein warmes Wort und ein Lächeln. Eigentlich sollten wir hier ein Schild aufstellen: ›Verschon uns mit deinem Mist. Wir haben schon genug mit unserem eigenen zu tun.‹ Alles klar?«

Dann ging sie mit ihrem Spielbrett zum Wasser hinunter. Ich sagte nichts und beschloss, mich lieber erst einmal hinzulegen. Aber bevor ich zum Leuchtturm zurückging, machte ich noch einen Abstecher zu einem riesigen Baum hinter dem Turm, in dem eine Schaukel hing. Sie war völlig in den Baum integriert und sah sogar so aus, als hätte man sie aus dessen Ästen gebaut. Und es schien auch jemand daraufzusitzen.

Neugierig ging ich hinüber und erkannte beim Näherkommen einen etwa vierzehnjährigen Jungen. Er schaukelte, ich hatte aber keine Ahnung, wie er sich dabei festhielt, ihm fehlten nämlich Arme und Beine. Wie erstarrt stand ich da und wusste nicht, was ich sagen sollte. Aber er lachte nur.

»Ganz schön gruselig, was? Keine Angst, das ist nicht so schwer, wie es aussieht.«

Dann sprang er mit einem Satz von der Schaukel und sah mich an. Ich wusste nicht, wie ich ihn begrüßen sollte. Als ich mich näherte, um ihm einen Kuss zu geben, leckte er mir über die Wange.

»Fass einfach meinen linken Armstumpf an, das geht schon«, lachte er. »Es ist ganz leicht, stell dir einfach vor, dass jeder Bruchteil für das Ganze steht.«

Ich tat wie geheißen und stellte verwundert fest, wie weich dieser Stummel war.

»Wie lange hast du noch?«

So eine direkte Frage hatte ich nicht erwartet, und die Antwort darauf fiel mir schwer. Danach wurde ich hier zum ersten Mal gefragt.

»Drei Tage.«

»Nicht schlecht, die hätte wohl jeder gern.«

Ich war mir nicht sicher, ob er das ironisch meinte oder ob ihm selbst noch weniger Zeit blieb.

»Und, wie findest du's hier? Gefällt es dir?«

»Ich hatte mir das eigentlich ganz anders vorgestellt, irgendwie …«

»… gastfreundlicher?«, fiel er mir ins Wort. »Klar. Besonders konventionell ist das hier nicht, aber das finde ich gerade gut. Wir sind doch alle halbtot, und hier fühlt man sich endlich mal wieder lebendig.«

Als ich darauf nichts erwiderte, ließ mich der menschliche Baumstumpf einfach stehen.

»Was ist eigentlich mit dem wütenden Mädchen los?«, rief ich ihm noch hinterher.

Ich dachte schon, er hätte mich nicht gehört, aber dann drehte sich dieser Stumpf doch noch um und sah mich an, als erwarte er weitere Fragen.

»Wenn jemand Neues kommt, musste dafür erst einer von den Alten gehen«, sagte er schließlich und verstummte kurz. »Ihr Freund hat uns gestern verlassen. Und die beiden haben so wunderbare Liebe und Sex erlebt, das kannst du dir nicht einmal vorstellen. Außerdem waren beide ganz verrückt nach Schach. Die Partie, die sie da mit sich rumträgt, haben sie zusammen angefangen, aber nie zu Ende gespielt. Stell dir das nur mal vor.«

Wieder legte er eine Pause ein und fuhr dann fort: »Du bist das Arschloch, das seinen Platz eingenommen hat. Und deshalb kannst du dir sicher vorstellen, dass sie dich bis zu ihrem Tod hassen wird. Zum Glück bleibt euch beiden ja nicht mehr lange, wir reden hier also nicht von ewigem Hass.

Mich hat bei meiner Ankunft auch ein Verliebter gehasst, der zurückgeblieben ist. Und wie du dir ja wohl denken kannst, bin ich zehnmal vom Dromedar gefallen.«

Dazu sagte ich nichts.

»Angelst du gern? Willst du mitkommen?«

Ich schüttelte den Kopf.

»Nein, du willst nicht angeln, oder nein, du willst nicht mitkommen?«

Ich antwortete nicht.

»Wenn du willst, kannst du gern in meinem Drachenbaum schaukeln. Der ist fast tausend Jahre alt, und ich glaube, dass wir ihm ein wenig leidtun und er auf uns aufpasst, weil er um unsere kurze Existenz weiß. Für ihn sind wir wie ein Seufzen, und man empfindet beim Schaukeln seltsames Wohlbehagen. Genieß es!«

Dann verschwand der menschliche Stumpf. Ich starrte an dem beeindruckenden Baum hoch, konnte aber nicht alles glauben, was der Junge mir da erzählt hatte. Mir tat die Lunge weh, sodass ich im Krankenhaus einen Arzt gerufen hätte. Hier jedoch, ohne Medikamente, beschloss ich, stattdessen ein wenig zu schaukeln.

Und ich weiß nicht, ob es an meiner Müdigkeit lag, der Kraft des Drachenbaums oder der merkwürdigen Mischung aus Freundlichkeit und Feindseligkeit, die mir hier entgegenschlug. Auf jeden Fall dauerte es nur Sekunden, bis ich tief und fest schlief.

5

Du musst laut schlagen,
damit die Welt weiß, dass du existierst

Es war unglaublich, als ich aufwachte, saß ich noch immer auf der Schaukel im Drachenbaum, ich war nicht hinuntergefallen. Inzwischen war die Nacht hereingebrochen, und ich hatte Hunger. Wie viele Stunden ich geschlafen hatte, konnte ich nicht sagen.

Ich betrat den Leuchtturm, traf dort aber niemanden an, weder Mädchen noch Junge oder Stumpf. Aber die Wendeltreppe machte Eindruck auf mich, deshalb stieg ich nicht nur in mein Stockwerk hoch, sondern noch weiter. Ich weiß gar nicht, warum eigentlich.

Doch dann ging ich schnell wieder nach unten, weil ich draußen ein Geräusch hörte. Auf dem Boden lag neben der Tür ein Zettel unter einem riesigen Stein. Den hatte wahrscheinlich gerade erst jemand dorthin gelegt, sonst hätte ich ihn beim Betreten des Leuchtturms doch sicher bemerkt. Andererseits litt ich so unter dem Jetlag, dass eigentlich alles möglich war.

Die Nachricht lautete: »Geh in Richtung Norden, sobald du kannst; da warten wir auf dich. Wo Norden ist? Der Stein zeigt es dir. Komm bald, sonst wird dein Essen kalt.«

Als ich nun den Stein in Augenschein nahm, deutete er tatsächlich wie ein Pfeil in eine Richtung. Keine Ahnung, ob das auch wieder nur ein Streich sein sollte, aber ich hatte Hunger und machte mich deshalb auf den Weg.

Ich marschierte gute fünfzehn Minuten, und als ich fast schon aufgeben wollte, sah ich sie. Sie befanden sich am tiefsten Punkt der Küste in einer kleinen Bucht am Hang eines Berges.

Junge wollte sich gerade von einem Sprungbrett aus ins Wasser stürzen, und Hund behielt ihn von unten im Auge. Es war offensichtlich, dass er seine Beschützerrolle sehr ernst nahm. Das gefiel mir, irgendwie rührte mich das.

Hier war es einfach wunderschön: In der ganzen Bucht waren Lichterketten verteilt, und der Geruch von Gegrilltem lag in der Luft. Aber es war auch ein merkwürdiger

Ort, voller Gegensätze der Natur, so widersprüchlich wie die Menschen, die sich hier zusammengefunden hatten.

Junge rannte herbei, um mich zu begrüßen. Das wütende Mädchen blieb unten am Wasser. Stumpf und eine Frau, die ich nicht kannte, waren am Grill und bereiteten dort das Abendessen zu.

Dieses kleine Fest war beinah zu viel für mich; ich hätte nicht gedacht, dass sie sich meinetwegen so viel Mühe machen würden. Andererseits fand ich es toll – so eine Willkommensparty hatte noch nie jemand für mich geschmissen.

Es war ein riesiger Tisch dekoriert, in dessen Zentrum ein fantastischer Kranz aus Blumen thronte. Junge rannte mir entgegen.

»Hier essen wir mittags und abends. So schick machen wir es uns normalerweise nicht, aber heute gibt es was zu feiern. Hast du Hunger?«

»Ein bisschen.«

»Super. Komm, ich stell dir die vor, die du noch nicht kennst.«

Junge strahlte Freude und Fröhlichkeit aus. Aber ich fragte mich, ob er so nett zu mir war, weil er mich wirklich mochte, oder ob er das einfach als seine Pflicht ansah.

Wir gingen direkt zum Grill rüber, auf dem Fleisch brutzelte. Es war schon seltsam, Stumpf die Spieße mit seinen Armstummeln umdrehen zu sehen, er stellte sich dabei unglaublich geschickt an.

Und dann sah ich auf einmal, dass unter dem Bratrost gar keine Kohle glühte, die Hitze kam vielmehr aus der Erde. Mir wurde klar, dass es sich bei diesem seltsamen Berg in Wirklichkeit um einen schlafenden Vulkan handelte, der aber immer noch genug Hitze zum Grillen ausstrahlte.

»Beeindruckend, nicht wahr?«, kam Junge meinem Kommentar mal wieder zuvor.

Ich wusste nicht, was ich sagen sollte, die Schönheit dieses Ortes überwältigte mich. Dann stellte man mich der Letzten im Bunde vor, einer Frau, die etwa dreimal so alt war wie wir. Das überraschte mich, ich hatte nämlich gedacht, dass dieser Ort für junge Menschen reserviert war.

Ich glaube, sie muss mir die Verblüffung angesehen haben.

»Mensch, ich bin doch erst elf.« Ihre Stimme klang tatsächlich wie die eines Kindes. »Nur hat mein Körper das leider vergessen und ist dreimal so schnell gealtert.«

Ich wusste nicht, was ich sagen sollte, und wurde sogar ein wenig rot, weil sie von innen heraus zu leuchten schien. Stumpf und Junge lachten.

»In Wirklichkeit ist sie schon vierzehn, sie macht sich aber um der Dramatik willen jünger«, warf Ersterer jetzt ein.

Sie versetzte ihm einen Tritt, der ihn zu Boden warf.

»Raus aus der Küche, Süßer, ich hab jetzt einen neuen Helfer.«

Sie lachte, als Stumpf sie vom Boden aus anknurrte. Offenbar brachten die beiden sich eine merkwürdige Hassliebe entgegen. Bellend krabbelte Stumpf davon, Junge begleitete ihn, und dann stieß auch noch der Hund dazu.

Mir wurde klar, dass dieses Mädchen hier das Gleiche machte wie eine der Krankenschwestern aus der Klinik. Die nannte auch immer alle »Süßer«, und irgendwann fühlte man sich dann auch wirklich schön. Manchmal machen wir die Dinge komplizierter, als sie eigentlich sind.

Ich war mir nicht sicher, ob ich jetzt die Stelle Stumpfs einnehmen und hier helfen oder lieber erst einmal zusehen sollte. Das Fleisch roch wirklich unglaublich gut, aber vielleicht hatte das auch nur mit meinem Hunger zu tun.

»So eine Show ziehen die beiden dauernd ab, doch daran gewöhnst du dich schon«, sagte das Mädchen im Frauenkörper jetzt und reichte mir eine Schüssel mit einem Pinsel zum Glasieren des Fleischs. »Aber pass auf, Süßer, halt die Hand nicht zu nah an das Loch, sonst ist sie gleich weg. Der Vulkan respektiert uns, solange wir schön vorsichtig sind.«

Hier sprachen alle von der Natur, als würde sie unser Geheimnis wirklich kennen. Ich bepinselte derweil das Fleisch, als hätte ich im Leben nichts anderes gemacht, dabei war es das erste Mal.

»Ich bin auch erst vor zwei Tagen gekommen, hier ist es echt nicht schlecht. Es gibt ein paar Regeln, die du befolgen musst; aber ansonsten kannst du eigentlich machen, was du willst.«

»Regeln?« Das wunderte mich an diesem chaotischen Ort aber schon.

»Ja, so wie das hier heute.«

»Meine Willkommensfeier?«

Sie lachte und rief zu den anderen rüber: »Der glaubt, dass wir hier seine Ankunft feiern.«

Darüber lachten alle, selbst das wütende Mädchen. Ich wusste nicht, was das sollte, diesen Spruch fand ich ganz schön fies. Aber vielleicht war diese Frau ja wirklich nicht mehr als nur ein Mädchen.

»Wir feiern hier nicht deine Ankunft, sondern den Abschied des Letzten, der uns verlassen hat.«

Plötzlich trat sie nah an mich heran, und ich spürte, dass sie sich auf mein Herz konzentrierte. Das war schon merkwürdig.

»Das schlägt aber kräftig«, bemerkte sie. »Weil ich so schnell gewachsen bin, kann ich Herzen schlagen hören. Ich glaube, das ist das Problem in unserer Welt, wir schlagen viel zu leise. Deshalb glauben manche, dass es uns gar nicht gibt. Du schlägst aber gut, Süßer.«

Mehr sagte sie nicht. Ich konnte die Hitze des Vulkans spüren, die wie Atmung zu- und wieder abnahm, oder vielleicht war das ja sein Herzschlag.

Als das Fleisch durch war, setzten wir uns an diesen riesigen Tisch.

Niemand sprach, und wir stürzten uns geradezu auf das Essen. Das Fleisch schmeckte anders als die typischen Steaks, einfach köstlich, als wäre es auf viel intensivere Weise gebraten worden.

Ich tat es den anderen gleich und aß mit den Fingern. Andere Länder …

Nach dem Essen gingen wir zu ein paar riesigen Löchern am Fuß des Berges. Es handelte sich um Geysire, aus denen Gas und kleine Flammen aufstiegen, die im

Takt der Atmung des Vulkans flackerten. Sie strahlten eine seltsame, irgendwie heimelige Wärme aus.

Dann setzten wir uns im Kreis rund um das größte Loch, aus dem nichts aufstieg.

Das wütende Mädchen brachte das Tischgesteck mit, und jetzt wurde mir klar, dass der Blütenkranz auf Asche ruhte. Jeder der anderen nahm davon eine Handvoll, während ich einfach nur zusah.

In diesem Moment loderten die anderen Löcher am heftigsten.

»Wer möchte anfangen?«, fragte das junge Mädchen, das so viel älter wirkte.

Stille legte sich über unser Grüppchen, als Junge die geschlossene Hand hob. Sorgfältig suchte er nach den passenden Worten.

»In Erinnerung bleibt mir … deine Fröhlichkeit.«

Stumpf erhob sich und presste dabei mit beiden Armstummeln das bisschen Asche zusammen, das er zu fassen bekommen hatte.

»Mir bleibt … deine Wahrhaftigkeit in Erinnerung, die fand ich toll.«

Das Mädchen im Körper einer Frau war als Nächste an der Reihe und dachte lange nach. Mehrmals setzte sie zum Sprechen an, biss sich dann aber auf die Lippe.

»Süßer, mir bleibt dein Mut in den letzten Stunden in Erinnerung.«

So teilten sie untereinander das Leben des Jungen auf, den ich nicht kannte, und das wütende Mädchen war als Letzte an der Reihe. Sie lächelte zum ersten Mal und sagte: »In Erinnerung bleibt mir deine Liebe … deine Energie … deine Freude … und deine Art, mich zu begehren.«

Schließlich warfen alle ihre Asche in dieses riesige Loch. Aus kleinen Döschen gab das Mädchen im Frauenkörper nun bunten Staub dazu. Sie benutzte viel Rot und Gelb. Junge fügte ein wenig Orange hinzu und Stumpf etwas Blau, aber nur ein kleines bisschen.

Wir warteten lange Sekunden, und nach fast einer halben Minute explodierte der Geysir. Zusammen mit seiner Asche erhellte das Leben des Jungen den Himmel wie ein riesiges Feuerwerk. Es war unglaublich beeindruckend.

Nach und nach rieselte die Asche dieser Feuerwerksrakete herab und legte sich über den Hang des Vulkans, verband sich so mit der Natur. Das wütende Mädchen heulte die ganze Zeit.

Als das merkwürdige Schauspiel ein Ende gefunden hatte, sahen mich alle an und sagten gemeinsam: »Willkommen.«

Es war so, als würde ich erst von diesem Moment an existieren, als gäbe das Weggehen eines anderen mir die Daseinsberechtigung.

6

Nur wer frei ist, kann glücklich sein
Und es ist nur frei, wer das ist,
was er sein soll

Ich wusste gar nicht, was ich auf diesen Willkommensgruß erwidern sollte. Alle setzten sich wieder, dieses Mal jedoch näher am Wasser, auf Felsen von unterschiedlicher Höhe. Jeder hatte seinen Platz, und ich wählte einen für mich. Wir schienen mit der Natur zu verschmelzen.

Ich beschloss, mich vorzustellen.

»Danke, dass ihr mich bei euch aufnehmt. Ich heiße …«

Junge unterbrach mich: »Wir haben hier kaum Regeln. Eine von ihnen lautet jedoch, dass Namen zum anderem Leben gehören, zu dem, in dem wir nicht mehr willkommen sind. Als Anführer deiner Gruppe kannst du etwas anderes beschließen, bis dahin rate ich dir jedoch, uns deinen Namen nicht zu sagen.«

Ich verstand gar nichts mehr. Das hörte sich ja an, als würde ich nicht zu seiner Gruppe gehören, sondern wäre der Anführer von anderen. Aber welche anderen meinte er nur? Hier war doch sonst niemand.

Das junge Mädchen im Körper einer Frau beschloss, mir unter die Arme zu greifen: »Jede Gruppe besteht aus zehn Personen, und ich bin die Letzte meiner Generation. Du bist hier, um unser Ende mitzuerleben. Und wenn der Letzte von uns gegangen ist, kommen nach und nach deine neun. Dann legst du die Regeln fest, die Art und Weise, wie ihr miteinander kommuniziert und euch voneinander verabschiedet. Verstehst du? Unser Anführer hat vorgeschlagen, dass wir uns die Namen von Malern geben. Aus einem Buch mit mehr als tausend Gemälden haben wir den gewählt, der uns am nächsten kommt. Ich zum Beispiel heiße …«

Ich lachte, war aber der Einzige. Das war also wirklich ernst gemeint.

»Kann ich denn nicht auch eurer Generation angehören?« Keine Ahnung, warum ich das fragte. »Ich meine, ihr habt doch gerade einen von euch verloren … Und was ihr da sagt, ergibt auch gar keinen Sinn.«

Das wütende Mädchen sprang auf.

»Hörst du denn nicht zu? Wir haben schon fünf verloren. Und unser Anführer kommt vermutlich bald dazu, auch wenn er jetzt noch dagegen ankämpft.

Außerdem sprechen wir nicht über die, die gegangen sind. Wer uns verlassen hat, der ist eben weg.

Wir haben mit der ganzen Sache auch gar nicht angefangen. Wenn du Antworten willst, dann steig auf den Berg hinauf, da oben findest du die Generationen, die bereits gegangen sind. Dort stehen die Grabsteine derjenigen, die nicht eingeäschert werden wollten.

So läuft das schon seit Jahren, und eins hat sich in dieser Zeit nicht geändert: Wer hier geht, der ist dann frei. Wir müssen ihn nicht festhalten, indem wir über ihn sprechen.«

Damit zog das wütende Mädchen ab. Der Rest saß schweigend da, bis Junge schließlich die Stille durchbrach. »Der heutige Tag ist für sie nun mal schwierig, morgen sieht schon wieder alles ganz anders aus. Sie ist eben keine Nachteule«, sagte er und widersprach sich damit selbst.

Ich schaute die anderen an. Von alldem hier hatte mir niemand etwas gesagt. Ich hatte nicht gewusst, dass ich für irgendwen den Anführer spielen würde. Ich war doch einfach nur hergekommen, um zu sterben.

Daher beschloss ich, ehrlich zu sein: »Ich weiß aber gar nicht, ob ich hierherpasse.«

Stumpf lachte. »Natürlich passt du hierher, schließlich stirbst du bald. Außerdem lebt jede Generation ja nur fünf oder sechs Tage. Das Ganze geht so schnell vor sich, dass du nicht lange Anführer sein wirst. Wenn du wirklich eine Antwort willst, dann geh an den Gräbern vorbei bis zum Rand des Vulkans. Früher oder später waren wir alle da oben.«

Als ich nun hinaufschaute, kam mir der Berg ziemlich hoch vor. Ich war mir nicht sicher, ob ich den erklimmen konnte.

»Irgendwie hab ich mir unter dem Grandhotel was ganz anderes vorgestellt.«

Wieder lachten alle, was ich nicht verstand. Und erneut half mir das Mädchen, das so viel älter aussah.

»Das hier ist auch nicht das Grandhotel. Sondern das da drüben …«

Sie zeigte aufs Meer hinaus.

Stumpf fuhr fort: »Hier bleiben wir, bis wir uns auf den Weg dorthin machen.« Er deutete in dieselbe Richtung. »Die Insel da, die man jetzt nicht sieht, ist das Grandhotel. Da bringen sie dich hin, wenn man nichts mehr für dich tun kann.«

Nun steuerte Junge als Letzter etwas zur Erklärung bei: »Das hier ist Leben … da drüben endet alles.«

Ich schaute in die Finsternis und konnte absolut nichts erkennen.

Junge fasste in Worte, was längst alle ahnten: »Ich nehme mal an, dass du es gern mit eigenen Augen sehen willst, wenn der Morgen anbricht. So war das bei allen, aber das ist einfach nur das Grandhotel. Na, dann gute Nacht. Ich heiße übrigens Kandinsky, und das da ist van Gogh.« Er deutete auf seinen Hund mit dem unvollständigen Ohr.

Jetzt brachen alle auf. Stumpf gab mir mit seinem Stummel einen liebevollen Stups, bevor er ging. »Mich nennen sie Picasso. Übrigens ist das wirklich nur eine Insel wie diese, da brauchst du dir gar nicht mehr auszumalen.«

Das Mädchen, das so viel älter aussah, gab mir einen schwesterlichen Kuss und ließ damit das Kind durchscheinen, das es in sich trug.

»Gauguin. ›Nur wer frei ist, ist glücklich. Frei ist aber nur, wer das ist, was er sein soll. Müssen wir den Grund für unser Leben verlieren, um zu leben?‹ Das hat er mal gesagt, und darin sehe auch ich mich. Gute Nacht, Süßer.«

Ich blieb zurück, starrte in die Dunkelheit und wartete auf das Morgengrauen, um das Grandhotel zu sehen.

7

Ungeklärte Zweifel
sind nicht akzeptierte Ängste

Ich harrte aus, bis die ersten Strahlen der Morgensonne auf jene Insel genau gegenüber der unseren fielen. Unglaublich, wie klein sie war: Von meiner Position aus konnte ich ihren kompletten Umriss erfassen, so als hätte sie jemand nur dahingemalt.

Es standen keine Häuser darauf, nur genau in der Mitte erhob sich ein kreisrundes Gebäude. Der Rest des Eilands war verwaist, strahlte jedoch eine Energie aus, die man nur schwer beschreiben konnte. Das war ohne Zweifel das Grandhotel.

Hinter mir hörte ich jetzt jemanden atmen, es war Stumpf. Er hatte sich lautlos genähert und betrachtete mich respektvoll, so als sei er sich der Bedeutung dieses

Augenblicks bewusst. Im Grunde hatte ich ihn ja für den am wenigsten Mitfühlenden von allen gehalten, aber manchmal trog der Schein eben.

Nun schaute ich am Vulkan hinter mir hoch und beschloss, den Aufstieg zu wagen, weil ich Antworten brauchte. Ich musste einfach mit dem reden, der mich dort erwartete. Als ich mich in Bewegung setzte, folgte mir Stumpf. Eigentlich hätte ich ja nicht gedacht, dass er es den Berg hinaufschaffen würde. Er war mit seinen Stummeln jedoch unglaublich geschickt.

Trotzdem hielt er gebührenden Abstand. Vermutlich war ihm klar, welche Wut in mir brodelte. Nach einer Stunde erreichten wir die Grabsteine, von denen mir die anderen erzählt hatten.

Es waren Hunderte, von denen immer zehn nah beieinanderstanden. Einige sahen schon ziemlich alt aus. Hier hatte man den Tod in Gruppen oder Jahrhunderten vor sich, Generationen von Jungen und Mädchen waren auf die Insel gekommen, um hier die Welt hinter sich zu lassen. Mich überkam angesichts ihrer Gräber ein merkwürdiges Gefühl.

Es war so, als hätte man hier völlig Unbekannte für einen Moment in ihrer Geschichte zusammengeführt. Es fiel mir schwer, das alles zu verdauen.

Stumpf hingegen blickte wie jemand drein, der an das alles längst gewöhnt war. Er setzte sich sogar auf einen der Grabsteine, was ein seltsames, fast surreales Bild abgab. Dabei murmelte er etwas vor sich hin, was ich von ihm schon einmal gehört hatte: »Hier ist das Leben kurz, alles spielt sich innerhalb von fünf Tagen ab … Vater erwartet dich oben, komm«, fügte er dann hinzu.

»Vater?« Ich wollte gar nicht wissen, warum man ihm diesen Namen gegeben hatte, das wollte ich ihn dann lieber selbst fragen.

»Hat eigentlich schon mal einer entschieden, nicht hierzubleiben? Ist irgendwann jemand wieder zurückgekehrt?«, erkundigte ich mich nun.

»Wohin denn zurückgekehrt?«

»Na, ins Leben.«

»Zur Sklaverei?«

Da hakte ich lieber nicht weiter nach, bevor er sich noch aufs Philosophieren verlegte.

»Wie lange bist du denn schon hier?«, fragte ich stattdessen. Das interessierte mich bereits seit unserer Begegnung am Drachenbaum.

»Seit vier Tagen. Dabei hatte es eigentlich geheißen, dass mir höchstens noch einer bliebe. Aber ich bin eben ein Glückspilz«, antwortete er ungerührt.

Ich erwiderte nichts, hatte allerdings damit gerechnet, dass er schon viel länger hier war.

»Doch das macht nichts«, versicherte er. »Vor drei Tagen hätte ich deshalb gelitten und kein Wort mehr herausgebracht. Aber jetzt kommt es mir vor, als hätte ich in vier Tagen mehr erlebt als in den letzten vierzehn Jahren.«

Ich setzte mich in den Schatten eines riesigen Grabsteins. Die Sonne ließ die Luft erglühen, oder vielleicht war es auch der schlafende Vulkan.

»Und deine Eltern?«

»Die sind gestorben, als ich fünf war. Was ist mit deinen?«

Ich beschloss, ihn anzulügen: »Vor zehn Jahren bei einem Autounfall.«

»Wir sind hier alle mit dem Tod vertraut.«

Schweigend blieben wir sitzen, ich hatte die Unterhaltung ohnehin nur angefangen, um hier einen Moment zu verschnaufen. Auf dem Grabstein über mir stand der Name eines Philosophen, genau wie auf den acht anderen Steinen um ihn herum. Vermutlich war der in der Mitte der Anführer – in diesem Fall hatte er sich Platon genannt.

»Wie hieß unser Anführer eigentlich? Der hat doch sicher den Namen des berühmtesten Malers gewählt, oder?«

»Nein, so läuft das nicht … Er heißt Matisse und lebt noch.«

»Matisse? Warum denn das?«

»Er hat erzählt, dass man Matisse zufolge immer Kind und Erwachsener zugleich sein muss. Das Kind hat Träume, und der Erwachsene hat genug Kraft, um sie in die Tat umzusetzen. Und so ist er auch: Kind und Erwachsener zugleich – und ein großartiger Anführer.«

»Und wieso ist er noch nicht tot, wenn er schon gegangen ist?«

»Die Anführer halten immer bis zum Schluss durch.«

Das sollte vermutlich eine Anspielung sein. Ich beschloss, unseren Weg fortzusetzen, und knappe zwei Stunden später erreichten wir dann den Gipfel des Vulkans. Dort oben stand ein kleines Häuschen, das ins Gestein hineingebaut war, als hätte man eine Höhle im Berg dafür genutzt. Das Ergebnis war ganz zauberhaft und zeigte, wie sehr der Erbauer diesen Ort geliebt haben musste.

Als ich auf das Haus zuging, blieb Stumpf zurück.

»Das ist jetzt dein Moment«, erklärte er mit leiser Stimme. »Und lächle, du willst doch gut aussehen.«

Das verstand ich nicht, aber ich stellte keine Fragen mehr.

Neben der Höhle stand ein alter Mann, der wohl an die neunzig sein musste. Er trug genauso einen Filzhut wie damals mein erster Zimmernachbar. Vor ihm entdeckte ich einen Block aus erkalteter Lava, der eine merkwürdige Form hatte. Als ich den Greis erreichte, warf er mir einen Blick zu, der kaum ein paar Sekunden dauerte, und begann dann, den Lavablock zu bearbeiten.

Mir kam es so vor, als würde er da mein Abbild aus dem Gestein heraushauen. Das hatte Stumpf wohl eben gemeint.

»Hast du schon einen Namen?«, fragte der alte Mann. Ich schüttelte den Kopf.

»Das ist alles ein bisschen viel für dich, was?«

Mit einem Nicken bejahte ich.

»Die haben bereits so viele verloren, und die Abreise ihres Anführers ins Grandhotel war ein harter Schlag.« Er verstummte und ließ sogar den Meißel sinken. »Vielleicht solltest du jetzt ihr Anführer werden.«

»Ich will nicht für irgendwen den Anführer spielen, sondern wissen, welche Möglichkeiten sich mir hier bieten. Sind Sie unser Arzt?«

Er lächelte.

»Nein, ich bin nicht euer Arzt. Hier gibt es keine Ärzte. Ein Arzt ist jemand, der heilt und rettet, der seinen

Patienten mehr Zeit gibt. Hier lindert man nur Beschwerden und schenkt ein angenehmes Ende.«

»Ich bin mir gar nicht mehr so sicher, ob ich hierbleiben will.«

»Möchtest du lieber in einem Krankenhaus sterben? Hier schenkt man dir die Freiheit.«

Nun herrschte wieder Schweigen, das allerdings vom Hämmern durchbrochen wurde, als er die Arbeit an der fast giacomettihaften Skulptur wiederaufnahm.

»Warum haben Sie das alles hier aufgezogen?«

»Was glaubst du denn? Du kommst mir vor wie ein schlaues Kerlchen.«

»Weil bei Ihnen jemand gestorben ist?«

Er nickte.

»Ja, bei mir ist jemand gestorben. Und was glaubst du, wer?«

»Ein Kind?«

Er nickte wieder.

»Siehst du, du bist clever, du wirst dich hier schnell anpassen, wenn du erst einmal den Anker lichtest.«

»Was denn für einen Anker?«

»Den Gedanken, dass es für dich noch einen Ausweg gibt, dass dich irgendetwas retten kann, vielleicht ein Medikament.«

»Und das könnte doch auch sein.«

»Du hast jedes Recht, so zu denken; aber es bringt kein Licht in dein Leben.«

»Die da unten hassen mich«, versuchte ich es nun mit Ehrlichkeit.

»Weil sie ihr Licht verloren haben und du ihnen ihre Dunkelheit in Erinnerung rufst.«

»Und warum vermischen Sie dann zwei Generationen? Das bringt doch nichts.«

»Findest du?«

»Allerdings.«

Ich betrachtete die Statue, die mir tatsächlich ähnlich sah, auch wenn es sich nur um eine Art Schema meines Körpers handelte. Ich hatte das Gefühl, dass der alte Mann damit vielleicht eher mein Inneres zeigen wollte, war mir aber nicht sicher.

»Ist das wie eine Fotografie?«

»Nein, ich versuche vielmehr, euren Zweifeln Ausdruck zu verleihen.«

»Unseren Ängsten, wollen Sie wohl sagen.«

»Nein, noch sind sie Zweifel, aber wenn man sie nicht kontrolliert, verwandeln sie sich in Ängste. Ungeklärte Zweifel sind nicht akzeptierte Ängste. Hast du Zweifel?«

Ich dachte nach, aber da gab es so vieles … Schließlich konzentrierte ich mich auf das Offensichtlichste: »Was macht man denn hier, bis es Zeit für das Grandhotel ist?«

»Was auch immer du willst. Vor allem bereitest du dich auf deine Rolle als Anführer für die nächsten neun vor.«

»Wieso braucht man denn überhaupt einen Anführer? Es hat doch jeder eine Stimme.«

»Nein, da liegst du falsch. Die anderen sind die Symphonie, du wirst jedoch den Ton angeben.«

»Aber warum denn ich?«

Es dauerte eine Weile, bis er mir darauf eine Antwort gab, und dann verstand ich sie nicht: »Such weniger und lass dich mehr finden.«

Jetzt war er mit der Figur fertig. Sie war schön, leicht, ein Teil meiner Seele, würde ich mal sagen.

Dann nahm er sie und trat damit an den Rand des Kraters. Dort standen bereits an die hundert Statuen voller Zweifel und Ängste. Meine Vorgänger waren hier in seltsamen Posen dargestellt, er hatte sie mitten in der Bewegung eingefangen.

Der alte Mann stellte mich ganz links hin und klopfte dann noch leicht hier oder da herum, als wollte er im letzten Moment noch ein paar Makel ausmerzen.

Mir kam es so vor, als würden diese Skulpturen als stille Bewohner des Vulkans seinen Ausbruch verhindern.

Der Greis blickte gen Himmel und schien irgendeinem Geräusch zu lauschen.

»Pythagoras hat gesagt, dass Planeten kosmische Musik produzieren, wenn sie sich drehen. Aber von der Erde aus können wir die nicht hören, weil wir hier geboren wurden und an diese Harmonie gewöhnt sind.

Um gehört zu werden, braucht dieser Laut die Stille. Aber jede Note unserer Tonleiter erwächst aus der Bewegung der Sphären, die uns umgeben.

Wenn hier im Vulkan alles ruhig ist, hab ich manchmal das Gefühl, dass ich einen Akkord hören kann, der von sich gleichzeitig drehenden Planeten stammt.«

Mehr sagte er nicht, sondern meißelte einfach weiter. Da ich aus dem Mann jetzt nichts mehr herauszubekommen schien, wandte ich mich ab. Im Notfall konnte ich ja noch einmal wiederkommen.

Aber bevor ich ging, reichte mir Vater seinen Filzhut. Wahrscheinlich wusste er, wie sehr ich mir den wünschte. Ich nahm an.

»Bring ihn einfach irgendwann wieder zurück«, flüsterte er, ohne von der Skulptur aufzusehen.

Ich ging mit dem Hut in der Hand los, setzte ihn aber noch nicht auf. Stumpf, der vermutlich alles mit angehört hatte, sah mir bei meinem Abstieg zu.

»Und, ist sie schön geworden?«

Ich antwortete nicht und kletterte den Berg so schnell wie möglich hinunter, weil ich ihn damit eigentlich abhängen wollte. Er folgte mir jedoch im Affenzahn. Ich glaube, wir brauchten für den Rückweg nur halb so lang wie für den Aufstieg.

Als wir unten die Bucht erreichten, erwarteten uns dort Junge und Hund. Sie wirkten besorgt.

»Wir haben eins der Mädchen verloren. Die haben sie vor einer Stunde abgeholt.«

Stumpf erwiderte darauf nichts, er ging einfach nur zum Wasser runter und stürzte sich hinein. Junge sah mich an.

»Du kannst jetzt im dritten Stock des Leuchtturms schlafen.«

Ich stieg also durch ihren Weggang auf. Aber ich sagte dazu nichts, ich war viel zu müde und k. o. Deshalb marschierte ich direkt zum Leuchtturm rüber, ging in den dritten Stock hinauf und warf mich auf das Feldbett, das vorher einer der beiden jungen Frauen gehört hatte.

Als ich dann das Schachbrett entdeckte, wurde mir klar, dass es sich um das Zimmer des wütenden Mädchens handelte. Für die weißen Figuren war das Spiel kaum noch zu retten, bald wäre bei der Partie Schach zu Schachmatt geworden.

Vielleicht war sie diejenige gewesen, die sich in dieser misslichen Lage befunden hatte, vielleicht aber auch ihr Geliebter. Es war merkwürdig, auf diese angefangene Partie zu blicken, die nie zu Ende gespielt werden würde.

Ich beschloss, mich erst einmal auszuruhen. Am helllichten Tag zu schlafen schien mir zu einer merkwürdigen Angewohnheit zu werden.

Und ich konnte spüren, dass sich meine Zweifel in Ängste verwandelt hatten.

8

Die Welt ist der größte Spielplatz, den es gibt

Ich wachte erst nach Einbruch der Dunkelheit auf und brauchte eine Weile, bis mir klar wurde, wo ich mich befand. Das geschieht oft, wenn man an aufeinanderfolgenden Tagen an unterschiedlichen Orten schläft. Und ich kam auch nur schwer aus dem Bett. Dieses Zimmer gehörte mir nicht, und ich hatte das Gefühl, dass ich die Privatsphäre des wütenden Mädchens störte.

Ich schnüffelte nicht herum, das würde ich niemals tun, dabei hatte ich mir im Krankenhaus mit Dutzenden Menschen das Zimmer geteilt. Inzwischen bereute ich sogar, dass ich die Regeln der anderen überhaupt befolgt hatte und in den dritten Stock gezogen war.

Der Leuchtturm war leer, und draußen sah ich auch niemanden, wahrscheinlich aßen die anderen in der

Bucht zu Abend. Ich konnte nur hoffen, dass es heute kein Blumengesteck gäbe, das wäre doch ein gutes Zeichen.

Ich kam erst spät dort an, weil ich mir Zeit nahm, den Ort auf mich wirken ließ und die Aussicht genoss. Irgendwie fühlte ich mich anders, aber das hatte vielleicht mit dem ständig pustenden Wind zu tun. Wind kann so manchen Charakter verändern.

Als ich ankam, entdeckte ich auf dem Tisch zwei Kränze und wusste, dass ich hier dem Untergang einer Generation beiwohnte.

Heute gab es weniger zu essen, und ich kannte das Ritual bereits. Wir grillten das Fleisch mit der Hitze des Vulkans und aßen mit den Fingern.

Die beiden anderen sprachen voller Inbrunst über die Mädchen, was die für sie bedeutet hatten, über ihren Kampf und ihren Mut. Ich sagte nichts, ich hatte keine Lust, da mitzumachen.

Schließlich schaute ich zu, wie sie den Himmel erglühen ließen, und dann setzten wir uns an den Strand. Die beiden sprachen weiter über den Tod und darüber, wie man mit ihm umgehen sollte.

Derweil begann ich, ein Stechen in der Lunge zu spüren. Ich konnte schlecht sagen, ob da meine Krankheit

um Aufmerksamkeit buhlte oder ob es sich um eine Art
Jetlag handelte, um Sehnsucht nach den typischen trivi-
alen Gesprächen, an die ich gewöhnt war. Hier war nämlich alles so intensiv und bedeutungsvoll.

Konnte man denn wirklich durch das Fehlen absurder
Leere Entzugserscheinungen bekommen?

Ich beschloss, zu sprechen und ehrlich zu sein.

»Ich will aber nicht sterben«, sagte ich.

»Das wollen wir doch auch nicht«, entgegnete Stumpf.

Junge näherte sich mir und umarmte mich. Der kör-
perliche Kontakt ging mir zu Herzen, und mir wurde
klar, wie sehr ich das gebraucht hatte. Seit der schlechten
Nachricht hatte mich niemand mehr in den Arm genommen, und das hier war eine Geste voller Wärme. Auch
Junge war gerührt und brauchte eine Weile, bis er wieder
ein Wort herausbekam. Hund entfernte sich von ihm, als
wüsste er bereits, was sein Herrchen jetzt sagen würde.

»Ich werde heute Nacht sterben«, sagte er. »Das kann
ich spüren. Aber ich hab keine Angst, weil ich mit meinen
zehn Jahren intensiv gelebt habe. Die sechs Tage hier auf
der Insel waren für mich wie ein ganzes Leben. Ich werde
niemals der Erwachsene sein, zu dem ich heranwachsen
sollte. Aber ich glaube sowieso nicht, dass Erwachsene
das Kind, das sie mal waren, noch in sich tragen. Viel-

leicht behält es einer unter einer Million, aber die anderen neunhundertneunundneunzigtausend begraben es zusammen mit ihren Ängsten. In Wirklichkeit sollten sie sich bewusst sein, dass sie weder sich selbst noch ihre Ängste kennen, das müssten sie sich mal eingestehen …

Weißt du, wie man hier überlebt?«, fügte er irgendwann hinzu.

»Nein.« Mir war klar, dass ich bei dieser Frage nicht einfach schweigen konnte.

Stumpf sagte zu alldem nichts.

»Du musst hier etwas finden, was du immer schon ausprobieren wolltest, und es dann in die Tat umsetzen. Du hast zwei, drei oder vier Tage, um es darin zur Perfektion zu bringen. Dann wirst du spüren, wie sehr du das gebraucht hast, und es wird deinem Leben einen Sinn verleihen.«

Jetzt musste ich einfach fragen: »Und was habt ihr gefunden?«

Stumpf sagte kein Wort, sondern setzte sich nur in Bewegung. Wir folgten ihm bis zum Drachenbaum.

Er erklomm den Baum, und dann entdeckte ich, dass er darin nicht nur schaukelte. Aus Elementen der Natur hatte er sich dort nämlich auch ein kleines Schlagzeug gebaut.

Darauf spielte er nun ein wirklich beeindruckendes Stück, das ich bald als »Il mondo« wiedererkannte:

Gira, il mondo gira,
nello spazio senza fine …

Die Welt dreht und dreht sich
Im endlosen Raum …

Seine Stummel bewegten sich blitzschnell, er drehte sich in diesem endlosen Drachenbaum hin und her und erschuf damit eine einfach überwältigende Klangwelt.

So etwas Unglaubliches hatte ich noch nie erlebt.

Wir beiden anderen brachen in tosenden Applaus aus. Dann sah ich Junge an, ich wollte so gern wissen, was er gefunden hatte.

Es fiel ihm jedoch schwer, darüber zu sprechen.

»Wenn du willst, kann ich dir erzählen, was sich die Mädchen ausgesucht hatten. Die eine hat fremden Herzen beim Schlagen zugehört. Ganz schön schräg, was? Aber sie war vom Herzklopfen völlig fasziniert.«

»Davon hat sie mir erzählt«, antwortete ich. »Und was ist mit dir?«

»Die Wütende hat mit ihrem Freund die Leidenschaft fürs Schachspielen geteilt. Die beiden haben immer gesagt, dass die Liebe wie Schach ist. Manche Leute lieben mit schnellen Zügen, wie der Läufer oder Turm. Andere sind wie der Bauer, sie können nicht lieben und machen immer nur winzige Schritte. Andererseits haben diese Menschen manchmal die Chance, eine ganz andere Art von Liebe zu entdecken, wenn sie das Ende des Schachbretts erreichen.«

»So wie die beiden, als sie hierhergekommen sind«, warf nun Stumpf vom Drachenbaum her ein.

Dann legte sich Schweigen über uns, durch die Erinnerung an die bereits Verstorbenen hatten wir eine einzigartige Atmosphäre heraufbeschworen.

Irgendwann beschloss ich, es noch einmal zu versuchen, weil ich unbedingt wissen wollte, was Junge gefunden hatte.

»Und du?«

Es dauerte eine Weile, bis er den Mund aufmachte.

»Ich erfinde Spiele«, sagte er dann und wurde direkt ein wenig rot.

»Nein, nein, das musst du vernünftig erklären«, lachte Stumpf.

»Ich fand immer schon, dass diese Welt eigentlich nur zum Spielen da ist«, führte Junge nun aus. »Sie ist der größte Spielplatz, den es gibt. Wenn du sie stattdessen für ein Klassenzimmer hältst, hast du schon verloren. Man muss einfach spielen, und deshalb erfinde ich eben Todesspiele.«

Wieder lachten beide. Ich hatte zwar keine Ahnung, wovon sie da sprachen, entdeckte gerade aber zum ersten Mal solche Vertrautheit zwischen ihnen.

Junge suchte nach den richtigen Worten, um sich verständlich auszudrücken.

»Wir werden alle sterben, sonst wären wir ja nicht hier. Aber warum nicht mit dem Tod spielen, statt dann den Löffel abzugeben, wenn andere es von uns erwarten?«

Ihm wurde klar, dass ich ihn immer noch nicht verstand.

»Das ist gar nicht so einfach zu erklären. Du müsstest schon mitspielen, um es wirklich zu verstehen.«

»Ja, wir zeigen es ihm. Welches Spiel schlägst du vor?«, fiel Stumpf begeistert ein.

Die beiden sahen einander an, dann kletterte auch Junge ins Geäst des Drachenbaums und begann mit Stumpf zu tuscheln. Die beiden wirkten richtig aufgeregt.

Während sie sich noch berieten, überlegte ich, was wohl mein Hobby werden, womit ich mich in meinen

letzten Tagen beschäftigen könnte. Was würde mich erfüllen und glücklich machen? Ehrlich gesagt hatte ich
mir das noch nie durch den Kopf gehen lassen, daher fiel
mir die Antwort schwer.

Wie ich schon erwähnte, hab ich immer gern gezeich-
net, kleine Szenen aus meinem Leben auf Papier festge-
halten. Ich fertigte jeden Tag so eine Skizze an, das war
aber keine Leidenschaft, sondern einfach mein Tagebuch.

»Wir haben's!«, riefen jetzt die anderen beiden wie aus
einer Kehle. Leider war nicht mein Hobby gemeint, sondern ihr Spiel.

Wir gingen noch kurz in den Leuchtturm, um ein langes Seil zu holen, und dann nahmen mich die beiden in
den nördlichsten Teil der Bucht mit. Dort waren die Felsen spitz, und das Terrain stieg an, bis es in ein Steilufer
mündete. Wild umtosten die Wellen diese Stelle, oder
vielleicht wollten sie ihm ja auch nur mit ständigen kleinen Verbeugungen ihre Ehrerbietung darbringen.

Ich musste an meinen Vater denken, weil dessen Kliff
so ähnlich ausgesehen hatte, wenn auch die allgemeine
Beschaffenheit und die Gerüche dort ganz anders waren.
Plötzlich bekam ich es mit der Angst zu tun.

Und jetzt würden wir auch noch hier spielen, wo es
fast dreißig Meter in die Tiefe ging.

Junge stellte uns an drei Ecken des Steilufers auf und reichte uns das Seil, das mit seinen Knoten und Verzweigungen irgendwie merkwürdig aussah.

Weder Junge noch Stumpf erklärten mir die Regeln, aber ich konnte erahnen, dass ich wohl am Seil ziehen musste, ohne hinunterzustürzen oder die anderen zu Fall zu bringen.

»Das haben wir mal zu zehnt gespielt«, erklärte Stumpf. »Und soweit ich mich erinnere, ist keiner runtergefallen …«

Beide lachten.

»Es geht also darum …« Eigentlich erwartete ich genauere Anweisungen.

»Es geht darum, mitzumachen und zu überleben, so wie bei allen Spielen!«, rief Junge aus. »Also dann, los!«

Mir war die ganze Sache immer noch nicht klar, aber da zog er auch schon heftig am Seil. Damit machte er meine Vorstellung, dass niemand den anderen durch zu viel Kraft ins Straucheln bringen würde, augenblicklich zunichte.

Für Stumpf war die Sache natürlich viel schwieriger, er umklammerte aber mit unfassbarer Kraft das Seil mit seinen Stummeln. Junge arbeitete mit mehr Wut als Kraft. Und ich vereinte erstaunlicherweise beides in mir.

Zugegeben, ich erinnerte mich schon gar nicht mehr daran, wann ich zum letzten Mal etwas gespielt hatte, und ich hatte auch schon seit Langem nicht mehr so viel Spaß gehabt. Nach und nach kam ich dahinter, wie ich es anstellen musste, und die ganze Sache wurde von jeder Menge Gelächter begleitet. Plötzlich war ich voller Energie …

Ungefährlich war die Sache nicht, ich stürzte zweimal fast in die Tiefe und weiß bis jetzt nicht, wer mich überhaupt gerettet hat. Danach hab ich nicht gefragt. Endlich fühlte ich mich wieder lebendig, dieses Spiel war so etwas wie eine Wiedergeburt.

Stumpf und Junge beherrschten es gut und wussten ihre Beeinträchtigungen auszugleichen.

Irgendwann beendeten wir das Spiel einfach damit, dass wir uns erschöpft zu Boden fallen ließen und zum sternenübersäten Himmel hochschauten. Von Zeit zu Zeit blendete uns das Licht unseres Leuchtturms, so als versuche er, unsere Aufmerksamkeit zu erregen.

»Woher wissen die aus dem Grandhotel eigentlich, dass es einem von uns schlechtgeht?«, fragte ich.

»Die beobachten uns ständig«, erklärte Stumpf.

Junge beschloss, das etwas näher auszuführen: »Wenn es bei jemandem nachts so weit ist, stellen wir das Licht im Leuchtturm auf Rot. Das sehen sie dann und holen die Person ab.«

Stumpf sprach weiter: »Wenn es tagsüber passiert, dann werfen wir die Leuchtturmsirene an. Die ist richtig übel und bohrt sich einem ins Gehirn.«

Dann wandte sich Stumpf fast augenblicklich ohne ein weiteres Wort ab und verschwand. Ich glaube, diese Themen hätte ich besser nicht ansprechen sollen, jetzt war unsere ganze Fröhlichkeit nämlich verflogen.

Junge blieb bei mir am Steilufer, allerdings stand er irgendwann auf und setzte sich an den Rand. Auch wenn er nicht rauchte, erinnerte mich dieser Balanceakt an meinen Vater.

»Picasso hatte das Mädchen gern, das zu schnell gewachsen ist, aber er hat es ihr nie gesagt. Seinen eigenen Tod kann man noch ertragen, wenn man aber zu jemandem eine Beziehung aufbaut, wird irgendwann alles zu kompliziert.

Vielleicht war er in sie sogar verliebt. Keine Ahnung, ich glaube eigentlich nicht an die Liebe. Meiner Meinung nach verlieben sich die Leute nicht, sondern sind nur von ihrem eigenen Verlangen fasziniert – und vom Widerschein dieses Gefühls im anderen.

Jemanden zu besitzen ist ein Fehler.«

Dafür, dass er so jung war, klang er äußerst weise.

»Man darf einen anderen Menschen nicht für sich selbst wollen, sondern muss ihn mit der Natur und der Welt teilen. Dir muss klar sein, dass der andere nicht dir gehört. Wenn du etwas nur für dich selbst willst, dann verlierst du es früher oder später.

Ich teile meine Spiele mit anderen, und abgesehen von van Gogh sind sie alles, was ich habe. Und wenn ich gehe, hoffe ich, dass ich ihn auch mit anderen teilen kann.«

Dann verstummte er. Er hockte weiterhin gefährlich nah am Abgrund, was mich aus irgendeinem Grund faszinierte.

»Das war heute ein langer Tag, ich glaube, ich gehe erst mal baden. Kommst du mit? Das tut dir bestimmt gut.«

Ich nickte.

Nun zog sich Junge einfach aus, starrte hinunter und warf sich dann mit dem Kopf zuerst in die Tiefe. Ich befürchtete schon das Schlimmste, sprang auf und rannte los, um zu sehen, was passiert war. Aber dem Kleinen ging es wunderbar. Er lachte unten im Wasser, weil er das Meer hier genau kannte und wusste, wo er von der Strömung nicht gegen die Felsen geschleudert werden würde.

Ich war mir nicht sicher, ob ich es ihm gleichtun sollte, aber erstaunlicherweise quälten mich die Zweifel nicht lange. Schließlich folgte ich ihm nackt mit einem Kopfsprung an derselben Stelle, und ich fürchtete mich dabei kaum. Wenn er keine Angst hatte, dann ich auch nicht.

Wir schwammen, drückten uns gegenseitig unter Wasser, rannten später den Strand entlang und lachten, weil wir uns so frei fühlten.

Dann ging Junge, und ich blieb allein zurück. Ich weiß gar nicht so recht, warum eigentlich, aber es ging mir wirklich gut, ich fühlte mich irgendwie so krafterfüllt. In mir pulsierte eine Energie, die nur schwer zu beschreiben war.

Und plötzlich wurde mir klar, dass der Mann oben auf dem Berg gar kein Arzt oder Weiser war. Er hatte keinen Sohn verloren, sondern sein inneres Kind. Er war jemand, der auf dieser Insel überlebt hatte, einer von uns, der aber geheilt wurde. Vielleicht der Einzige.

Und jetzt begriff ich auch, wie ruhig ich in diesen zwei Tagen auf der Insel geworden war. Ich fühlte mich frei, und hinter meiner Stirn drängten sich keine Sorgen mehr. Mir kam es vor, als würde ich langsam alle Abwehrmechanismen abstoßen und damit mein wahres Ich freilegen.

Vielleicht benutzten wir ja alle den Verstand für so viel Albernes, dass wir uns auf absurde Lösungen spezialisiert hatten. Wenn es aber nichts zu tun gab, einfach gar nichts mehr, dann erschien das wahre Ich und Du in all seiner Essenz.

Diese Erkenntnis ermöglichte mir einen privilegierten Blick auf eine Welt, in der die anderen blind herumtappten. Sie waren noch auf der Suche, während ich Frieden gefunden hatte.

Achtundvierzig Stunden nach meinem Todesurteil saß ich hier und war – warum herumreden? – glücklich.

Was konnte ich nun mit dem Rest meines Lebens anfangen? Junge hatte erklärt, dass man etwas finden sollte, was man sich immer gewünscht, aber noch nie gemacht hatte.

Mir kam es vor, als hätte mir das Leben schon seit frühester Kindheit so viel verboten ...

Vielleicht würde ich gern schreiben, so wie es mein Adoptivvater getan hatte. Im Krankenhaus hatte ich mir manchmal unter dem Titel *Ein Ende, das eine Geschichte verdient hat* kleine Erzählungen ausgedacht. Am Ende jedes Kapitels fügte ich eine von meinen Zeichnungen hinzu. Ich hab mir immer schon gern ein Ende überlegt und dann nach einer Geschichte dafür gesucht.

Und jetzt wurde mir plötzlich klar, dass ich hier ja gerade selbst so ein Ende erlebte, welches eine Geschichte verdient hatte.

Mein Tod würde der krönende Abschluss eines Lebens sein, dessen letzte Seiten noch zu füllen waren. Und obwohl es in meinem Dasein doch so viele Schmerzen und Verluste gegeben hatte, würde der Schluss alles verändern.

In den letzten drei oder vier Kapiteln eines Buches passieren doch immer die spannenden Sachen, an die erinnert man sich dann später.

Schreiben war für mich jedoch nicht das Richtige. Das hatte ich schließlich schon probiert und so toll nun auch wieder nicht gefunden.

Aber irgendwann hatte ich dann eine Erleuchtung und wusste, was ich in meinen letzten Tagen hier lernen wollte: singen. Das Singen hatte in meinem Leben immer schon gefehlt. Und ich wollte auch nicht irgendwas singen, sondern Arien, die mich seit jeher fasziniert hatten. Bis jetzt hatte ich sie nur gern gehört, mir aber vielleicht unterschwellig längst gewünscht, sie auch zu singen.

Als kleiner Junge hatte ich mal einen kranken Opernsänger kennengelernt. Der machte auch in der Klinik jeden Abend seine Übungen, es war geradezu poetisch, wie er seine Stimme in die richtige Tonlage brachte. Man konnte ihn im ganzen Krankenhaus hören; und ich dachte immer, dass sein Gesang wohl mehr als einen Patienten geheilt haben muss.

Manchmal sang er aus voller Kehle »Duetto buffo di due gatti« von Rossini für uns auf der Kinderstation. Dabei übernahm er beide Stimmen, und wir steuerten im Hintergrund unser kindliches »Miau« bei.

Das alles faszinierte mich ungemein, am liebsten wäre ich Opernsänger geworden, doch ich hatte eigentlich immer gedacht, dass das wegen meines linken Ohrs nicht funktioniere.

Aber Junge zufolge sollte ich doch gerade etwas völlig Utopisches auswählen. Es ging ja ebendarum, etwas Unmögliches in die Tat umzusetzen.

Glücklich saß ich da … doch genau in diesem Moment verfärbte sich das Licht des Leuchtturms rot. Ich konnte es nicht fassen.

Mir blieb fast das Herz stehen. Junge oder Stumpf? Ich bekam Angst, verspürte Schmerz und Wut.

In das intensive Rot des Lichtscheins getaucht, rannte ich auf den Leuchtturm zu.

9

Wir sind Naturgesetze,
die sich erfüllen müssen

Als ich den Leuchtturm erreichte, versuchte Junge dort gerade, Stumpf wiederzubeleben. Dabei war er nicht nervös, hatte die Kontrolle nicht verloren. Er nahm die Mund-zu-Mund-Beatmung vor und sprach zwischendurch mit leiser Stimme auf Stumpf ein.

Der hatte die Augen geschlossen und lächelte – wie so viele Menschen in meinem Umfeld, die in Frieden gegangen waren.

»Gleich kommt Mutter, keine Angst«, murmelte Junge.

Erst Vater und jetzt Mutter. Sie hatten diese Figuren nach den Menschen benannt, die in ihrem Leben fehlten.

Bei der Erwähnung des Namens öffnete Stumpf die Augen.

»Ich wusste, dass mich Mutter eines Tages holen würde«, flüsterte er.

Das klang, als sehnte er es herbei, und ich konnte ihn gut verstehen. Ich wünschte mir auch, meine Mutter käme zurück. Die Natur sollte wirklich verhindern, dass irgendjemandem die Mutter genommen wurde, das war einfach falsch.

Im Hintergrund hörte ich einen Hubschrauber, und Junge umklammerte ganz fest einen Stummel seines Freundes.

»Was du mir in den letzten Tagen gezeigt hast, begleitet mich in den Tagen und Stunden, die mir noch bleiben«, flüsterte er. »Mit deiner Energie und Einstellung bist du das reinste Naturgesetz.

Du bist ein Naturgesetz, deshalb musst du dich erfüllen und darfst dich niemals selbst infrage stellen.«

Der Moment war unglaublich emotional, und mir wurde klar, dass ich von ihrem Gespräch wohl einiges verpasst hatte. Junge fuhr fort: »Die da draußen haben vielleicht Arme und Beine, aber nicht deine Seele. Die können sie dir niemals wegnehmen. Die anderen haben dir wehgetan, weil sie dich nicht verstanden. Dabei hätten sie vor diesem Naturgesetz auf die Knie sinken müssen.«

Stumpf öffnete ein letztes Mal die Augen, und sein Lächeln zeigte uns, dass er ganz klar ein Naturgesetz war. Dann schloss er langsam die Lider.

Mutter, eine Frau etwa im Alter von Vater, erschien begleitet von einer Krankenschwester und zwei Helfern. Plötzlich wurde unser kleiner Mikrokosmos vom Schlag fremder Herzen erfüllt.

Ihre Hast, ihre Probleme und Gerüche überwältigten uns.

Es war ein leises »Er lebt noch« zu hören, als sie bei Stumpf den Puls fühlten.

Junge drehte jetzt völlig durch und wollte nicht, dass sie ihn mitnahmen. Ich schaute dreimal zu Mutter hinüber, aber die hatte nur Augen für Stumpf. Zu mir sprach sie nicht ein Wort, obwohl ich ihre Wärme und Zuneigung spürte, als sie sich auf den Weg zum Hubschrauber machte.

Der Helikopter hob sofort wieder ab und wehte uns Staub ins Gesicht. »Du bist ein Naturgesetz! Deshalb bist du ewig und wirst niemals sterben!«, brüllte Junge dem Hubschrauber hinterher, obwohl Stumpf ihn längst nicht mehr hören konnte.

Jeder Ruf wurde dabei von Schluchzern begleitet. Nun flog der Hubschrauber zur anderen Insel hinüber und hinterließ unsere Welt ein kleines bisschen dunkler. Jener kleine Körper war für uns beide ein Licht gewesen.

Junge wischte sich die Tränen aus dem Gesicht und ging wortlos in Stumpfs Zimmer im Leuchtturm hoch, das jetzt mir gehören würde. Ich war weiter aufgestiegen, obwohl ich nun wirklich nicht bis ganz nach oben wollte. Junge setzte sich im Raum auf den Boden.

Als er nur nach Sekunden einschlief, ließ ich mich neben ihm nieder, weil ich mich für ihn verantwortlich fühlte.

Im Halbschlaf murmelte er etwas vor sich hin, aber ich verstand ihn erst, als er den Satz wiederholte: »Keine Sorge, *ich* sterbe heute noch nicht.«

Ich atmete auf, Junge war schließlich ein Weiser. Wenn er das sagte, dann stimmte es auch. Mein Tag-Nacht-Rhythmus war seit meiner Ankunft auf der Insel ja ziemlich durcheinandergekommen. Deshalb hatte ich eigentlich nicht gedacht, dass ich jetzt schlafen konnte, aber auch ich döste bald ein.

Als ich aufwachte, schaute Junge mich an. Vor mir stand ein Frühstück, das er nicht besonders gekonnt, aber mit guten Absichten zubereitet hatte.

Junge kam direkt zum Punkt: »Er ist vor einer Stunde gestorben, wir feiern heute Abend den Abschied von ihm. Deine Generation dürfte schon auf dem Weg hierher sein, du musst dich langsam vorbereiten.«

»Ich kann das aber nicht«, erwiderte ich.

»Was denn?«

»Irgendjemanden anführen.«

»Das musst du auch gar nicht. Du gibst nur einen Weg vor, und die Leute entscheiden dann selbst, was sie machen.

Unser Anführer hat immer gesagt, dass du wahrscheinlich richtigliegst, wenn du vom Schlimmsten ausgehst. Wenn du vom Besten ausgehst, hast du dabei aber viel mehr Spaß.«

Das klang nach Vater, mich überzeugte es allerdings nicht.

»Ich will nicht länger hierbleiben, das ist mir jetzt klar.«

»Willst du ins Krankenhaus zurück oder lieber im Grandhotel sterben? Würde das die Sache besser machen?«

»Ich will einfach nur von dieser Insel weg«, musste ich zugeben. »Ich kann nicht mehr.«

»Wegen letzter Nacht?«

»Es liegt einfach an allem zusammen. Wenn du mich lieber nicht zum Flughafen begleiten willst, dann kann ich das aber auch verstehen.«

Er musterte mich eindringlich und schwieg eine Weile.

»Gib mir einen Tag, nur einen Tag deines kurzen Lebens«, bat er dann. »Hier wird man an einem Tag geboren, lebt einen weiteren und stirbt dann schließlich. Heute ist bei dir das Leben dran. Lass mich dir doch dabei helfen.«

Ich sah ihn an. Trotz seiner zehn Jahre brachte er das mit so viel Überzeugung vor, dass ich beschloss, ihm einen einzigen Tag zu schenken. Warum auch nicht?

»In Ordnung, aber ich werde meine Meinung nicht ändern.«

»Klar, wie du willst.« Und das meinte er wirklich so, ohne Hintergedanken. »Hast du dir inzwischen überlegt, was du gern machen würdest?«

Keine Ahnung, warum er mich das jetzt fragte. Auf dieser Insel passierte einfach alles viel zu schnell. Ich zögerte, weil mir die Antwort ein wenig peinlich war.

»Ich fand es auch gar nicht so leicht, das mit dem Spieleerfinden zuzugeben.«

Als ich ihn nun so anschaute, war mir plötzlich alles gleich. Das war ja sowieso nur ein unmöglicher Traum, den ich niemals in die Tat umsetzen konnte.

»Singen, ich würde gern singen lernen.«

»Was willst du denn singen?«

»Opern.«

Er brach nicht in Gelächter aus und erwähnte auch mein Hörgerät nicht.

»Ich weiß schon, wer dir dabei helfen kann!«, rief er stattdessen aus. »Komm mit!«

Seine Entschlossenheit faszinierte mich, vermutlich hätte er mir bei jeder erdenklichen Antwort den Richtigen empfehlen können.

Wir liefen die Wendeltreppe hinunter, und ich hatte mit einem Mal das Gefühl, dass ich nie wieder an diesen Ort zurückkehren würde.

Bevor wir aufbrachen, wusch Junge noch die Dromedare, und es sah aus, als würden sie unter dem Wasser tanzen, das sie da liebkoste. Dieser Anblick erfüllte den seltsamen Morgen mit Glück.

Dann gab Junge jedem Dromedar zum Abschied einen Kuss, bevor wir uns in das gelbe Cabrio setzten und uns auf den Weg an einen unbekannten Ort machten.

Plötzlich erschien Hund hinter einer Düne. Mir kam es so vor, als hätte er sich bewusst zurückgezogen, um die Sache mit Stumpf nicht mitzuerleben. Mit einem Satz sprang er in das fahrende Auto, und ich streichelte ihn zum ersten Mal.

Diese Fahrt würde mein Leben verändern, das konnte ich spüren. Ich hatte da so eine Vorahnung.

10

Ein Sklave zu sein ist angenehm
Dabei ist es doch am schönsten,
sich nichts zu unterwerfen

Ziemlich lange fuhren wir einfach nur schweigend weiter. Aber es gab da eine Frage, die ich einfach stellen
musste: »Wann bringen sie denn Stumpf zurück?«

Junge lachte, weil man den Gliederlosen hier wohl
nicht so genannt hatte. Er verbesserte mich jedoch nicht.

»Er wird eingeäschert, und dann hängen sie den Kranz
an die Dromedare. Die drehen mit ihm eine letzte Runde
und bringen ihn dahin, wo er gern noch mal hinmöchte.
Sie leisten ihm Gesellschaft, bis wir ihn schließlich holen.«

Ich stellte eine weitere Frage, obwohl er mir die vermutlich nicht beantworten würde: »Was hast du eigentlich?«

»Wen schert das schon?«, entgegnete er. »Einen Gesunden kümmern die Krankheiten, die er nicht hat, ja auch nicht.«

Wahrscheinlich traute er sich jetzt, mich was Persönliches zu fragen, weil ich damit angefangen hatte.

»Woran sind denn deine Eltern gestorben?«

Die Antwort darauf fiel mir schwer. Stumpf hatte ich deshalb angelogen, aber jetzt hatte ich einfach das Gefühl, dass ich die Wahrheit sagen musste.

»Das weiß ich nicht. Ich wurde adoptiert, als ich ein Jahr alt war.«

»Dann hast du also Adoptiveltern?«

»Nein, mich hat ein alleinstehender Mann bei sich aufgenommen, ein Schriftsteller. Aber der ist schon tot.«

»Du bist also ein Waisenkind?«

»Zunächst war ich bei ihm, und dann hat man mich herumgereicht, bis ich irgendwann krank wurde.«

»Von Familie zu Familie?«

»Nein, eher von Unterkunft zu Unterkunft.«

Ich fand es schwierig, auf diese Fragen zu antworten, hatte aber das Gefühl, dass ich es Stumpf schuldig war. Plötzlich lachte Junge.

»Na, dann hattest du aber wirklich ein Scheißleben«, sagte er.

Ich sah ihn an und konnte nicht anders, als ebenfalls in Gelächter auszubrechen. Und dann stellte Junge mir eine Frage, mit der ich so gar nicht gerechnet hatte: »Hat dich dieser Schriftsteller etwa missbraucht?«

Ich schüttelte den Kopf, aber diese Anschuldigung war so gewaltig, dass ich sie auch mit Worten widerlegen musste.

»Nein, niemals, er war ein guter Mensch. Ich war das sechste Kind, das er adoptiert hatte. Ich glaube, damit wollte er uns gern eine Chance geben.«

»Also hast du so was wie Geschwister?«

»Nein, so haben wir uns nie gesehen.« Ich beschloss, das Gespräch in eine andere Richtung zu lenken. »Und bei dir? Wie sind deine Eltern gestorben?«

Er lächelte, auf diese Frage hatte er vermutlich schon gewartet.

»Ganz traditionell bei einem Autounfall … wie deine auch, oder?«

Ich ignorierte die unterschwellige Anschuldigung lieber und sagte dazu nichts. Vermutlich hatten Stumpf und er sich einfach alles erzählt.

»Das muss hart gewesen sein.«

»Ja und nein. Meine Eltern wussten, dass ich schwer krank war. Es quälte sie der Gedanke, dass ich vor ihnen sterben würde.« Die Rührung ließ ihn kurz verstummen. »Für Eltern, die ein Kind verloren haben, gibt es keine Bezeichnung – den Satz hab ich immer gehasst. Die bleiben einfach Mutter und Vater, diesen Status verliert man doch nie.«

Die Emotionen schienen aus jeder Pore seines kleinen Körpers hervorzuquellen.

»Dann sind wir, du und ich, auch keine Waisen, sondern einfach nur Söhne.«

»Genau.«

Ich glaube, meine schnelle Auffassungsgabe gefiel ihm. Aber jetzt trat er erst einmal aufs Gas, und es dauerte, bis er den Mund wieder aufmachte.

»Auf der einen Seite freut es mich, dass sie mich nicht überlebten. Sterben müssen wir schließlich alle irgendwann, und das Traurigste ist nicht das Sterben an sich, sondern, nicht intensiv gelebt zu haben. Hat nicht Mark Twain mal gesagt, dass wir mit siebenundzwanzig sterben, sie uns aber erst mit zweiundsiebzig begraben?«

Ich dachte darüber nach, was er da sagte, und brachte einen Einwand vor: »Aber wenn es uns wieder gutgehen könnte ...«

Lachend schüttelte er den Kopf, damit war er offenbar nicht einverstanden.

»Nein, das ist für die meisten Leute nur eine beliebte Ausrede, um nicht über den Tod nachzudenken. Dieser Satz steht für eine Haltung, die nicht einmal von uns selbst stammt. Man hat uns diese Art zu denken aufgedrückt.

Es gibt keine Regeln, bis auf die inneren Richtlinien, die wir uns selbst geben.«

Damit klang er genauso wie mein erster Zimmernachbar damals … Es gefiel mir, dessen Theorien aus dem Mund eines anderen zu hören.

»Weißt du, was die Gesellschaft über uns sagen würde?«, fuhr er fort.

Er sah mich an, offenbar brauchte er immer eine Rückmeldung, um sicher zu sein, dass man ihm auch zuhörte.

»Was denn?«

»Dass wir im Krankenhaus sterben, dort einfach nur abwarten und niemanden stören sollen. Alle anderen Menschen würden auch finden, dass diese letzten Tage hier nichts bringen. Für sie sollten wir uns konventionell verhalten und vor allem nichts Neues mehr lernen, weil wir ja doch bald sterben …«

Ich sagte nichts.

»Und, haben sie damit recht? Nein, sage ich. Im Krankenhaus werden die Schmerzen gelindert, aber es spricht niemand mit dir über den Tod. Weißt du, was ich finde? Dass man sich im Theater nicht irgendein fiktives Stück anschauen sollte, sondern den Tod eines Menschen, und zwar live. Darin liegt nämlich die Wahrheit.«

»Da würden aber nicht viele kommen.«

Gleichzeitig lachten wir auf. Dann fuhr Junge fort: »Hier leben wir bis zum Gehtnichtmehr, aber das ist doch ein Geschenk. Wir können uns erholen und unsere eigene Welt erschaffen. Und das Beste daran ist, dass uns niemand dabei stört. Wer will denn schon Zeit mit zwei Todkranken verbringen? Dabei wissen die anderen gar nicht, dass sie diejenigen sind, mit denen etwas nicht stimmt.«

Er hatte mit alldem recht, doch ich wollte gern sehen, wie stark sein Glaube daran wirklich war.

»Aber vermisst du nicht das, was du nie haben wirst, weil du bald stirbst?«

Ich hatte beschlossen, ganz direkt zu sein, und er war es bei seiner Antwort auch.

»Was sollte ich denn nicht haben?«

Jetzt lag der Ball wieder in meiner Spielfeldhälfte. Wahrscheinlich kannte er die Antwort längst, wollte sie aber aus meinem Mund hören.

»Sex?«

»Aber ich hatte doch längst Sex!«, behauptete er.

Sein Lächeln ließ mich zweifeln. Vielleicht stimmte das ja wirklich, also erweiterte ich meine Frage, um seine Gefühle nicht zu verletzen.

»Dich verlieben, Kinder bekommen, mit einem anderen Menschen zusammenleben?«

»Und wie ist das bei dir? Du hast das alles noch nicht gemacht und wirst es wohl auch nie tun? Und, fehlt es dir?«

Darauf antwortete ich nicht.

»Bedauerst du etwa nicht, dass du nie nach Afrika reisen oder Saxofon spielen wirst? Nie deine Geliebte verlieren oder ins Leere springen? Du wirst auch nie an einem fremden Ort ein exotisches Gericht probieren, dessen Namen du nicht einmal aussprechen kannst. Und, wird dir das nicht fehlen?

Es ist doch nicht immer alles nur Liebe und Sex.

Sex ist nur das einfachste und unterhaltsamste Spiel von allen«, erklärte er. »Eigentlich geht es dabei bloß ums Reinschieben und Rausziehen, aber man hat sich da rundherum so viele Regeln ausgedacht, dass kaum noch jemand mitspielen kann. Außerdem hat man ihn mit anderen Spielen in Verbindung gebracht, mit denen er eigentlich nichts zu tun hat. Deshalb sind Nichtsexuelle doch schon fast repräsentativ für die meisten Menschen.

Und in Wirklichkeit gibst du beim Sex dem anderen doch nur, was du dir für dich selbst wünschst.

Außerdem werden Liebe und Sex weitervererbt, man ist der Sex und die Liebe, durch die man selbst und seine Vorfahren gezeugt wurden.

Liebe und Sex sind nur ein Köder, aber man kann durch sie kein ganzes Leben aufbauen. Trotzdem verleihen wir ihnen eine fast epische Bedeutung, und dadurch haftet ihnen etwas Falsches an.

Wie viele Menschen sind Sklaven ihrer Vergnügungen? Dabei ist es doch am schönsten, sich nichts zu unterwerfen.«

Diese Sätze waren einfach wunderbar, und zwar besonders deshalb, weil sie aus dem Mund eines Zehnjährigen kamen.

Als er nun das Radio anmachte, erklang »Always on my mind« von Elvis Presley:

You were always on my mind.
You were always on my mind.

Den Text dieses Songs fand ich toll, es geht darin um den Abschiedsschmerz beim Verlust eines Menschen, den man noch liebt.

Und die Version von Elvis war schon super. Mir kam es allerdings immer so vor, als würde er sich mit einer gewissen Überheblichkeit entschuldigen, als fehle ihm seine Geliebte in Wirklichkeit gar nicht so sehr.

»Auf diesem Sender singen immer nur Tote«, lachte Junge.

Elvis hatte ich durch meinen Stiefvater entdeckt. Wenn der schrieb, legte er den einen oder anderen seiner Songs immer wieder auf. Er ließ ein einziges Stück in Endlosschleife laufen und erklärte, dass er so den Lärm der Stadt ausblendete. Das war vor unserem Umzug ins Haus am Kliff gewesen.

Er hatte feste Arbeitszeiten und setzte sich jeden Nachmittag sieben Stunden an den Schreibtisch. Dann lief Elvis, und man durfte ihn auf keinen Fall stören.

Ich hatte ihm mal eine Elvis-CD geschenkt, und er schrieb zum Klang eines der Lieder einen Geschichtenband, der sich nicht gut verkaufte. Dafür hatte ich mich immer verantwortlich gefühlt. Inzwischen weiß ich schon gar nicht mehr, welcher Song das war, für mich klangen die eigentlich alle gleich. Aber Elvis' Art, sie zu singen, war schon toll.

Mein Adoptivvater fehlte mir, er war immer gut zu mir gewesen. Der Kommentar von Junge über ihn hatte mich wirklich getroffen. Ich sprach das Thema aber nicht noch einmal an, damit es nicht so aussah, als würde ich zu vehement protestieren, weil ich etwas zu verbergen hätte.

Im Krankenhaus lernte ich mal einen Jungen kennen, der wirklich missbraucht worden war. Er war fünfzehn, und ich bemerkte schon bei seiner Ankunft, dass er irgendwie komisch war. Wer in der Klinik neu war, brauchte nämlich immer ein paar Tage, bis er den Krankenhausschlafanzug anzog. Die Neuen hatten eben das Gefühl, dass ihr Leben in der Klinik dem zu Hause mehr ähnelte, wenn sie weiterhin ihre bisherige Kleidung trugen. Der Pyjama nahm ihnen einen Teil ihrer Persönlichkeit. Aber dieser Junge schlüpfte sofort hinein, als wollte er sein früheres Ich loswerden.

Nach fünf Monaten wurden wir dann dicke Freunde, und während einer der langen Kliniknächte erzählte er mir schließlich, dass er missbraucht worden war. Das hatte erst aufgehört, als er ins Krankenhaus gekommen war.

Er klang damals so erleichtert, und ich fand es unglaublich, dass eine furchtbare Krankheit für ihn der Ausweg aus seinem Leid war. Ein riesiger Mist hatte einem anderen riesigen Mist ein Ende bereitet.

Den Rest der Fahrt über sprach Junge kein Wort mehr.

Bald erreichten wir ein Haus, das im Norden der Insel stand.

Die Gegend dort war wunderschön, ganz anders als unsere, überall wuchsen Pflanzen und Kakteen. Und das Haus, auf das wir da zufuhren, sah aus wie ein Schloss.

Ich musste daran denken, was mein Vater, der Schriftsteller, manchmal gesagt hatte. Er hatte behauptet, dass die schönsten Bilder und Momente auf der inneren Netzhaut unserer Seele eingraviert würden. Und als ich nun diese wunderbare Landschaft vor mir sah, wurde mir klar, dass meine innere Netzhaut, meine Seele, für die Liste meiner Erinnerung gerade eine weitere Fotografie gespeichert hatte.

»Wer wohnt denn da?«, fragte ich nun.

Eigentlich hätte ich diese Frage bereits bei unserem Aufbruch stellen sollen, schon klar. Aber im Grunde war das auch egal, ich hatte Junge ein paar Stunden meiner Zeit versprochen und würde ihm folgen, wohin auch immer er mich führte.

»Hier wohnt … die Person, die du jetzt brauchst.«

11

Das Chaos ist deine Persönlichkeit
ohne Urteil oder Moral

Eine schwangere Frau mittleren Alters öffnete die Tür. Sie gab Junge einen Kuss auf den Mund, und ein paar Sekunden später bekam ich auch einen. Hund wurde ausgiebig gestreichelt.

»Du bist also der, der gern singen möchte?«, fragte sie mich.

Woher wusste sie das nur – Junge hatte doch gar keine Zeit für einen Anruf gehabt? Außerdem gab es hier vielleicht nicht einmal Empfang?

»Wie heißt du?«

Das wurden ja immer mehr Fragen.

»Ich habe noch keinen Namen gewählt.«

»Und du wirst die neue Generation leiten?«

Darauf erwiderte ich nichts, ich wollte das alles nicht schon wieder erklären.

»Also, dann lass ich euch mal allein. Ich denk mir in der Zwischenzeit ein schönes Spiel aus«, erklärte Junge.

Er verschwand mit Hund, und ich blieb bei der Frau. Sie nahm mich auf die Terrasse mit, die auf einen unglaublichen Garten hinausging. Ganz in der Ferne konnte ich von dort aus unseren Leuchtturm sehen.

Die Frau erzählte mir von diesem Ort – und wie sie ihn einst gefunden hatte. Aber ich hörte nicht richtig zu. Irgendwie rührte es mich, unser Zuhause aus dieser ganz neuen Perspektive zu sehen.

Obwohl sie schon einen ziemlich großen Bauch hatte, bewegte sich die Schwangere mit schnellen Bewegungen.

Sie bot mir auf der Terrasse einen Stuhl an einem großen Tisch an und servierte ein Getränk, das sie »Pisco Sour« nannte. Das hatte ich vorher noch nie probiert.

»Ich bin Ihnen ja wirklich dankbar für Ihre Mühe, aber ich habe bereits beschlossen, wieder abzureisen«, fiel ich ihr irgendwann ins Wort.

Das schien sie nicht besonders zu interessieren.

»Du willst also nicht singen?«

»Ich weiß nicht … das war ja auch eigentlich nur so ein Gedanke.«

»Na ja, ich könnte es dir auf jeden Fall zeigen.«

»Aber mir bleibt nicht mehr viel Zeit, außerdem ist das bestimmt schwierig.«

»Der Beste willst du doch sicher nicht werden, oder?«

»Ich meinte eigentlich …«

Sie unterbrach mich: »Vielleicht würdest du es auch dann nicht richtig lernen, wenn du noch das ganze Leben vor dir hättest. Weißt du, was mein Sohn immer gesagt hat? ›Liebe dein eigenes Chaos.‹«

»Liebe dein eigenes Chaos?«

Sie nahm einen Schluck Pisco.

»Ja, das hab ich am Anfang auch nicht verstanden, ich wusste nicht, was er meinte. Als er dann mit fünfzehn gestorben ist, hab ich fast fünf Jahre gebraucht, um seine Worte zu verstehen.«

Ich hingegen begriff es nicht, aber das sagte ich ihr nicht. Sie fuhr fort: »Er wusste, dass mir der Abschied von ihm wehtun würde, und dieses ›Liebe dein Chaos‹ hat mir wirklich geholfen. Ich hab mein Chaos geliebt.«

Sie lächelte und klang gar nicht traurig.

»Wir haben immer getanzt. Im ganzen Krankenhaus waren wir vermutlich das Mutter-Sohn-Paar, das am meisten getanzt hat. Und das war uns auch gar nicht peinlich, wir haben es genossen.

Manchmal haben wir stundenlang Tango oder Bolero getanzt.

Mein Mann hat nie getanzt. Ich glaube ja, wenn du noch nicht mit deinem Sohn getanzt hast, dann weißt du gar nicht, was du verpasst. Das ist dann so, als würdest du ihn wieder in dir tragen, ich kann es gar nicht recht beschreiben. Jetzt tanze ich mit dem Baby in meinem Bauch, von innen nach außen …«

Sie schenkte mir nach.

»Die Leute versagen sich so viel, weil sie glauben, dass ›man das‹ eben nicht macht. Aber wenn du nicht immer nur an die Rolle denkst, die du spielst, dann wird alles besser. Auf dieser Welt schränken dich nur die Grenzen ein, die du dir selbst setzen willst. Jan hat sein Chaos geliebt und sich nie Grenzen gesetzt, niemals …«

Sie verstummte kurz, und ich dachte schon, dass es sie vielleicht mitgenommen hatte, seinen Namen auszusprechen. Aber sie nahm sofort wieder Fahrt auf.

»Jan war einfach ein toller Tänzer. Wenn wir zusammen tanzten, liebten wir das Chaos, das wir gemeinsam erschaffen haben.«

Nun wurde ihr wohl klar, dass ich ihre Worte nicht verstand. Sie nahm sich einen Moment Zeit, um es mir zu erklären.

»›Liebe dein Chaos‹ bezieht sich auf das, was dich vom Rest der Menschheit unterscheidet. Das sind Dinge, die andere nicht verstehen und die du ihrer Meinung nach ändern solltest.

›Liebe dein Chaos‹ ist das, was Jan mit seinem Leben gemacht hat und was ich seiner Meinung nach mit meinem tun soll. Er wusste, wie sehr mich der Abschied von ihm treffen würde, aber er wollte nicht, dass ich mich von der Welt abwende. Stattdessen sollte ich das Chaos lieben, das ich erschaffen habe.

Der Welt wäre es lieber, dass du gegen dein Chaos ankämpfst, es reduzierst oder kontrollierst. Dabei solltest du es in Wirklichkeit doch lieben, und nicht nur das: wenn du es erst einmal liebst, kann es sogar noch wachsen. Und unser Chaos macht uns aus.

Es war Jan egal, wenn ihn die Leute nicht verstanden. Er sagte dann immer nur: ›Liebe dein Chaos.‹ Und wenn *er* jemanden nicht verstanden hat, dann flüsterte er ihm zu: ›Liebe dein Chaos, aber weit weg von mir.‹

Und er fand auch, dass wir an den Tagen, an denen wir unser Chaos lieben, einen riesigen blauen Ballon aufsteigen lassen sollten, um es dem Rest der Welt zu zeigen. ›Du musst mit anderen teilen, dass du dein Chaos akzeptierst.‹ Er malte sich gern aus, eines Tages unter einem

wunderschön chaotischen Himmel voller blauer Luftballons aufzuwachen.«

Die Frau lehnte sich zu mir vor und sah mir in die
Augen. Sie wollte etwas Wichtiges klarstellen.

»Das Chaos ist deine Persönlichkeit ohne Urteil oder
Moral. Wenn du dein Chaos liebst, dann wirst du Antworten bekommen, die dir diese Welt niemals geben
kann. Weil du sie nämlich in dir selbst findest.« Sie be-
rührte mich an der Wange. »Glück an sich existiert nicht,
aber man kann jeden einzelnen Tag glücklich sein, und
dafür muss man sein Chaos lieben.«

Sie verstummte kurz, und ich trank meinen Pisco Sour
aus, einfach nur, um etwas zu tun zu haben. Was sie mir
da erzählt hatte, fand ich super. Ich war mir zwar nicht
sicher, ob ich das alles schon verstand. Aber es hatte tief
in mir etwas bewegt.

»Wenn du gehen musst, dann geh eben«, sagte sie lächelnd. »Wenn du allerdings nur gehen willst, weil man
dir das eben so gezeigt hat, dann nicht.«

Ich ging nicht.

»Gibt es irgendeine Opernarie, die du besonders gut
findest?«

Ich suchte lange nach einer Antwort, weil ich sie gern
beeindrucken wollte.

»›Belle nuit‹, die Barkarole aus ›Hoffmanns Erzählungen‹.«

Sie ging ins Haus, und ich sah, wie sie eine Platte aus einer Sammlung in einem Regal herauszog. Die war mir vorher gar nicht aufgefallen, es handelte sich um eine wirklich beeindruckende Kollektion.

Als sie die Platte auf ein zauberhaftes hölzernes Grammofon legte, erklang bald »Belle nuit«.

Dieser doch auch so schon magische Ort wurde von einem seltsamen Glanz erfüllt. Ich fand immer schon, dass Landschaften dreimal so schön sind, wenn sie von Musik begleitet werden.

Eigentlich hatte ich ja erwartet, dass sie mich nun bitten würde, mit ihr zusammen zu singen, aber so war es nicht. Stattdessen griff sie nach meiner Hand und fing auf dieser riesigen Terrasse zu tanzen an. Und plötzlich fühlte ich mich wie Jan, demütig schlüpfte ich in seine Rolle und war wie er.

Ich gab mich ganz der Musik hin. Obwohl ich kein guter Tänzer war, ließ ich mich einfach mitreißen und liebte mein Chaos, auch wenn es nun mal darin bestand, schlecht zu tanzen. Das waren ganz wunderbare Minuten.

Die Platte kratzte, jene Stimme umfing uns mit ihrer Magie, und wir tanzten so vor uns hin.

Mich erfüllte ein Gefühl von Frieden, und wir hielten in diesen intensiven fünf Minuten nicht eine Sekunde inne. Zunächst tanzte jeder für sich und legte alle Hemmungen ab, und dann tanzten wir gemeinsam ein langsames Stück. Von Zeit zu Zeit spürte ich, wie das Kind in ihr mitmachte, ich konnte seine kleinen Tritte fühlen.

Als wir fertig waren, weinte sie vor Glück, ich weiß nicht, ob sie einfach lange nicht mehr getanzt hatte oder ob sie an Jan denken musste.

»Komm doch morgen noch mal, dann wirst du singen, wie du es dir nie erträumt hast«, erklärte sie. »Weißt du, von seinen Freunden wurde er ›Yanny‹ genannt.«

Dieses Detail, so unwichtig es auch war, rührte mich irgendwie. Ich ging ins Haus und spielte das Stück noch einmal, genau wie es mein Vater getan hatte. Als die ersten Noten erklangen, war ich derjenige, der führte, und ich bat sie auch darum, mir noch mehr über Jans Chaos zu erzählen.

Mit jedem Wort über ihren Sohn und sein Chaos spürte ich, wie mich seine Energie und Kraft erfüllten.

Und nun verstand ich. Ja, wir mussten unser Chaos lieben, das uns so einzigartig machte, statt es zu kontrollieren.

Diese Frau und das Kind in ihrem Bauch sprühten nur so vor Energie, und es kam mir vor, als wäre es hier drau-

ßen bei uns. Beide waren reines Licht und brachten dadurch auch mich zum Leuchten.

Ich kann gar nicht mehr sagen, wie oft wir jene Arie
spielten, aber mir wurde in diesem Moment klar, dass
Menschen fürs Tanzen erschaffen wurden. Nicht, um zu
laufen oder zu rennen, und noch viel weniger, um zu arbeiten, zu streiten, zu leiden oder zu denken.

Mit einem Mal war alles klar.

Probleme entstehen beim Denken und werden durch
Tanzen gelöst.

12

An klaren Tagen kann
man seine Seele sehen

Als ich das Haus der Frau wieder verließ, spielte Junge draußen mit Hund. Sie schnappten gegenseitig nacheinander. Ich sagte hallo, und sie kamen zu mir herübergerannt. In der hereinbrechenden Dunkelheit legten wir den Rückweg dann ebenso schweigend zurück wie den letzten Teil der Herfahrt.

Ich dachte an unsere Feier für Stumpf, und dieses Mal hatte auch ich Lust zu sagen, was von ihm bleiben würde.

Etwa nach der Hälfte des Weges bog Junge in Richtung Osten ab, er wollte mir dort etwas zeigen. Um uns herum erhoben sich Dünen, und durch den wehenden Sand konnte man kaum etwas sehen.

Wir erreichten ein beeindruckendes Steilufer, einen wunderschönen, aber einsamen Ort. Hier gab es weder Vulkane noch Vegetation, sondern abgesehen vom Meer nur Sand, so weit das Auge reichte. Wir stiegen aus dem Auto, und Hund gehorchte, als Junge ihm zuflüsterte, er solle im Wagen bleiben.

Wir gingen bis zum Rand des Kliffs, und Junge, der zum Horizont hinüberschaute, schien mir etwas Wichtiges sagen zu wollen.

»An klaren Tagen kann man«, er verstummte kurz, »seine Seele erkennen.«

Ich lachte, weil ich daran gewöhnt war, diesen Satz mit dem Namen einer Insel zu hören. Der Wind wehte immer heftiger.

Junge ging zum Auto rüber und holte ein nicht besonders großes und dickes Buch, das gut in eine Hosentasche passte.

»Das brauchst du, wenn dich deine Generation um etwas bittet. Hier drin stehen die Adressen der Leute, die uns helfen.«

Ich öffnete das Büchlein nicht, noch war ich nicht Chef, sondern Lehrling.

»Und warum helfen die uns?«

»Weil sie jemanden verloren haben«, antwortete er.

»Ein Verlust verändert die Menschen und öffnet sie für die Welt. So wie hier auf der Insel sollte es eigentlich überall sein. Wir wurden nicht erschaffen, um zu leben, sondern um das Sterben zu lernen.«

Lächelnd dachte ich an jene Frau zurück.

»Oder vielleicht das Tanzen.«

Jetzt musste Junge lächeln.

»Ja, sie tanzt super, nicht? Damit bringt sie jeden auf den richtigen Weg.«

Jetzt wehte der Wind noch stärker von hinten. Wenn wir uns nicht dagegenstemmten, würde er uns gnadenlos auf den Abgrund zuschieben.

Mit einem Mal begann Junge zu strahlen, obwohl ich auf seinen Zügen plötzlich eine Müdigkeit entdeckte, die mir bis jetzt nicht aufgefallen war.

»Jedes Mal, wenn du eine Antwort suchst, spielt das Universum mit dir, damit du die Antwort wieder vergisst.«

Junge machte sich auf den Weg zum Auto, er wirkte erschöpft. Aber ich wusste, was jetzt zu tun war, und schlug ihm vor, etwas zu spielen. Das Spiel bestand darin, sich nicht vom Wind in die Tiefe reißen zu lassen.

Und er machte mit.

Der Wind begann wütend zu brausen, und wir mussten schließlich schreien, um uns zu verständigen. Wir fingen an zu lachen, und dann führten wir endlich die Unterhaltung, die schon so lange anstand.

In der Ferne ging die Sonne unter, und es kam uns so vor, als habe sich die Natur abgesprochen, um unser Spiel perfekt zu machen.

Während ich das Gespräch in Gang brachte, musste ich tatsächlich aufpassen, dass der Wind mich nicht in den sicheren Tod riss. Das Meer unter uns fand keine Ruhe, und den Felsen dort unten konnte man unmöglich ausweichen.

»Aber wenn wir dafür gemacht sind, zu sterben und unseren Tod zu verstehen, liegen dann alle anderen falsch?«, fragte ich brüllend.

Junge antwortete ebenso laut: »Ich bin mir sicher, dass die entscheidenden Momente im Leben, die dich verändert haben, alle etwas mit dem Tod oder dem Akzeptieren des Todes zu tun hatten.«

Der Wind heulte immer stärker. Junge fuhr fort: »Erst wenn du begreifst, dass jede Minute ein Geschenk ist, fängst du endlich zu leben an. Doch dafür darfst du es nicht vom Standpunkt des Lebens aus sehen, sondern musst es vom sicheren Tod aus betrachten.«

»Aber wie soll man das denn hinkriegen? Das kapier ich nicht.«

»Denk doch nur an die Dicken.«

»Die Dicken?«, brüllte ich.

Ich war nicht sicher, ob ich ihn richtig verstanden hatte.

»Dicke Leute wollen abnehmen. In drei Monaten wollen sie einen Bauch loswerden, für den sie vielleicht vierzehn oder dreißig Jahre gebraucht haben.

Genauso kann man auch nicht in zwei Minuten lernen, den Tod zu verstehen, wenn es bei einem immer nur um das Leben ging.

Wir sind bloß aus Fleisch gemacht, benehmen uns aber, als wären wir aus Stahl, da liegt das Problem. Die Leute vergessen immer, dass es genau anders herum sein muss: Die Mutigen waren früher mal Feiglinge, und nur ein kleiner Feigling kann irgendwann richtig mutig sein.

Meine Mutter hat immer gesagt, dass ich ein Indigo-Kind bin.«

»Indigo?«, echote ich verblüfft. Dieses Wort hatte ich noch nie gehört.

»Indigo ist ein Blauton«, erwiderte er lächelnd. »Meine Mutter hat geglaubt, dass manche Menschen auf dieser Welt eine blaue Seele haben. Diese Menschen sind unfassbar intelligent und sensibel und können vielleicht die Welt verändern. Jedes Jahr wird eins dieser Indigo-Kinder geboren. Ich weiß schon, dass ich nicht dazugehöre, aber ich finde den Gedanken toll, dass es sie wirklich geben könnte.«

Keine Ahnung, warum er mir das erzählte, aber es gehörte zu seiner Wirklichkeit. Er lächelte, genau wie ich, obwohl mich der Wind immer näher an den Abgrund drängte. Ich war erschöpft. Zwar hatte ich Junges Worte verstanden, aber nicht, was dahintersteckte.

Wir spielten weiter, und als ich schon das Gefühl hatte, dass wir nicht mehr konnten und gleich hinunterstürzen würden, brüllte er aus vollem Hals: »Ich werde heute gehen. Morgen kommen dann deine Leute an; und ich weiß, dass du das super hinkriegen wirst.«

Er sprach die Wahrheit ... Ich wusste, dass er sterben würde und ich jetzt stark sein musste, keine Ahnung, warum ich das mit solcher Klarheit sah.

Als nun ein Windstoß Junge beinah über den Rand fegte, packte ich ihn und holte ihn ins Leben zurück. Trotz seines Lächelns war unverkennbar, dass auf seinen Zügen das Leben nach und nach verlosch.

»Ohne deine Generation gehst auch du bald ein«, flüsterte er mir zu. »Sie sind deine Energie und deine Versprechen an sie der Motor, der dir Kraft gibt. Aber denk daran, dass der Wind Versprechen davonträgt, der darf niemals wehen ...«

Mir wurde klar, dass ihm nur noch wenig Zeit blieb. Deshalb brachte ich ihn zum Auto und setzte mich ans Steuer. Ich konnte spüren, dass wir ihn verloren, und Hund leckte ihm während der ganzen Fahrt übers Gesicht.

13

Wenn uns niemand zeigt,
wie wir am besten groß werden,
dann sollten wir es vielleicht auch nicht

Als wir nach Hause zurückkehrten – nie hätte ich gedacht, dass ich diesen Ort jemals als »Zuhause« bezeichnen würde –, war Junge bereits sehr schwach. Ich brachte ihn in den Leuchtturm, damit er sich dort ausruhte, und Hund blieb bei ihm.

Junge bat mich darum, den Abschied von Stumpf vorzubereiten, und das tat ich dann. Auf einem der Dromedare fand ich seine Asche.

Ich gab mir Mühe, den Traditionen zu folgen und sorgfältig nachzuahmen, was ich an den vorherigen beiden Abenden miterlebt hatte. Vielleicht lebte man ja deshalb mit der früheren Generation zusammen: um ihre

Mitglieder und ihre Existenz hier auf der Insel zu verstehen und ihnen ein passendes Ende zu bereiten.

Als alles vorbereitet war, wollte ich Junge zur Bucht tragen, davon wollte er aber nichts wissen. Ganz langsam ging er auf eigenen Füßen hinüber, er hatte keine Eile. Dabei stützte er sich auf Hund, der sich seinem Tempo anpasste.

Diesmal schwiegen wir beim Abendessen nicht. Aber wir redeten nur über Belangloses, über unsere Kindheit und Fußball. Ich glaube, das brauchten wir einfach mal.

Dann kam der Moment, in dem wir Stumpf untereinander aufteilen würden. Junge sprach als Erster und wurde bei jedem Wort von Rührung überwältigt.

»Ich behalte alles von dir. Ich will nichts von dir abgeben, niemand soll etwas von dir für sich verlangen. Die Welt hat sich einen Teil von dir genommen. Aber ich behalte dich ganz in Erinnerung, als einen in jeder Hinsicht vollständigen Menschen.«

Er weinte – genau wie ich an seiner Seite.

Ich sprach nicht, das wäre mir so vorgekommen, als würde ich mich dazwischendrängeln. Aber Junge reichte mir die Asche, damit ich sie in den Geysir legte. Stumpf wurde höher in die Luft geschleudert als die anderen und erhellte den Himmel auf perfekte Art.

»Du findest sicher ein anderes Ritual, um die Deinen zu verabschieden«, gab mir Junge noch mit auf den Weg.

Dann setzten wir uns zusammen hin und schauten aufs Meer hinaus. Hund wich ihm nicht von der Seite.

Ich begann so langsam, mich mit diesem Ort eins zu fühlen, und wurde so immer stärker, während Junge langsam erlosch.

»Die Leute machen sich das Leben so kompliziert … Die wollen immer nur mehr und mehr«, sagte Junge.

Dann saß er eine Stunde schweigend da. Plötzlich tauchte neben ihm eins der Dromedare auf, als könnte es seinen Tod spüren. Es leckte ihm übers Ohr und streckte sich dann neben ihm und Hund aus. Nach ein paar Minuten erschien auch das zweite Tier und tat dasselbe. Es war wunderschön, doch auch schmerzhaft.

»Die überleben uns alle und können es riechen, wenn wir gehen.«

Dann schwieg Junge wieder eine Stunde, und weil er so furchtbar matt wirkte, konnte ich die Frage nicht länger hinauszögern: »Soll ich den Leuchtturm einschalten?«

Er lachte, dann stand er auf und legte einen Tanz hin, der an »Staying alive« von den Bee Gees erinnerte. Das sah wirklich witzig aus …

Ich stieß dazu, wir tanzten und fingen an, »Staying alive« zu pfeifen. Denn hier ging es ja schließlich darum, am Leben zu bleiben.

Junge war ein toller Tänzer, einer von diesen Leuten, die keine Angst haben, etwas Neues auszuprobieren. Wir hatten viel zu lachen.

Irgendwann verlor er dann das Gleichgewicht, ich hielt ihn fest und tanzte mit ihm zusammen. Diese Frau hatte recht, wir verpassen so viel dadurch, dass wir nicht mit den Menschen tanzen, die wir lieben …

»Ich will nicht ins Grandhotel. Ich will einfach nur Tauziehen spielen.« Junge verstummte kurz. »Dann will ich verlieren und mit dem Wasser tanzen.«

Ich begriff sofort, weil ich schon seit Stunden befürchtet hatte, dass er im Spiel sterben wollte. Das stand im Einklang damit, wie er gelebt hatte, und selbst sein Hund schien es zu wissen.

Ich weigerte mich nicht, weil ich ihn verstand und sein Chaos liebte.

Wir gingen zum Steilufer hinauf, griffen nach dem Seil und begannen zu spielen. Noch einmal brachte er eine Energie auf, die er eigentlich gar nicht mehr besaß. Und als ich ihn mir jetzt so ansah, verstand ich endlich all das, was er mir in den letzten Tagen erzählt hatte.

Ich schaute hier jemandem beim Sterben zu und lernte etwas aus seinem Tod.

Das musste ich ihm gar nicht sagen, es war ja offensichtlich. Aber ich beschloss, ihm etwas anderes zu verraten, was er noch nicht wusste.

»Morgen hab ich Geburtstag«, enthüllte ich, während ich mit all der Kraft zog, die ihm nicht mehr blieb.

»Wirst du achtzehn?«

»Genau.«

Junge lächelte.

»Dann kannst du vielleicht in die andere Zone wechseln.«

Das verstand ich nicht.

»Auf dieser Insel gibt es vier Zonen, die nach dem Alter organisiert sind. Diese hier ist für Todkranke unter achtzehn. Im Buch steht, wo du die anderen finden kannst. Wenn du willst, könntest du in die Gruppe der Achtzehn- bis Sechsunddreißigjährigen wechseln.«

Wirklich unglaublich, wie organisiert hier alles war, während es doch so chaotisch wirkte. Ordnung im Chaos.

»Die Schwangere, die du heute kennengelernt hast, ist die Letzte aus der Generation der Siebenunddreißig- bis Vierundfünfzigjährigen. Vermutlich kommt morgen ihre Ablösung, manchmal dauert es eben, bis man jemand Neues findet …«

»Sie wird also auch sterben?« Ich war erstaunt. »Ich dachte, dass sie nur jemand ist, der uns hilft …«

»Im Buch, das ich dir gegeben habe, sind alle Menschen auf dieser Insel verzeichnet. Es ist auch notiert, was sie früher mal gemacht haben und wobei sie anderen helfen können. Aber sterben werden wir alle … Das ist eben ein Teil des Lebens … Alles ist nur ein Spiel, und die Welt ist der größte Spielplatz, den es gibt«, wiederholte er. »Wenn uns niemand zeigt, wie wir am besten groß werden, dann sollten wir es vielleicht auch nicht.«

Wie recht er doch hatte! Wir spielten weiter, aber er legte es darauf an zu fallen, er spielte mit aller Kraft, um in diesem Spiel zu sterben. Irgendwann beschloss ich, nicht länger dagegen anzukämpfen, und ließ ihn gehen.

Hund heulte wie ein Wolf ohne Rudel, als wir ihn verloren hatten. Und so, wie Junge vorhergesagt hatte, spürte ich nun, dass sein Tod nötig gewesen war, damit ich leben konnte …

14

Es geht nicht darum, gegen Verbote zu
verstoßen, sondern darum, ihnen
keine Bedeutung beizumessen
Es geht nicht darum zu leiden, sondern
darum, das Leiden zu verstehen
Es geht einfach nur darum zu leben

Wie Junge es vorhergesagt hatte, war sein Tod meine
Wiederauferstehung.

Als ich ihn verlor, wurde mir augenblicklich klar, wie
tot ich gewesen war. Jetzt fühlte ich mich lebendig, und
ich verstand, dass wir uns niemals so große Sorgen um
das Leben machen wie um den Tod. Der Tod gibt uns ein
Bewusstsein und strotzt vor Leben. In ihm finden wir
den Antrieb, den wir brauchen.

Leben und dabei den Tod verstehen – ich begriff, dass dieses Konzept alles veränderte. Dadurch vergaß man all die Probleme und Routinen, die man sich auferlegt hatte. Stattdessen begann man daran zu glauben, dass das Leben einen Sinn haben sollte.

Ein einzigartiges, intensives Gefühl erfüllte mich, plötzlich hatte ich die Energie eines Anführers und keine Angst mehr, den Rest meines Lebens zu genießen, so kurz es auch sein mochte.

Doch genau in diesem Moment durchfuhr mich ein Schmerz, so als wollte auch mein todgeweihter Körper an dieser Entdeckung teilhaben.

Ich wusste, dass ich nun meine Generation gründen, dass ich den Neuankömmlingen Liebe geben würde, einen Namen und eine Art zu leben.

Ich atmete einmal tief durch. Wenn die anderen ankamen, wollte ich gern ein ganz neuer Mensch sein, und deshalb musste ich jetzt damit beginnen, ihnen den Weg zu ebnen.

Als ich zum Leuchtturm zurückging, wollte van Gogh nicht mitkommen. Zum ersten Mal ging ich bis ganz nach oben, in Junges Zimmer. Von dort aus wirkte alles ganz anders. Und als ich sein kleines Bett sah, erkannte ich seine Größe mit noch mehr Klarheit. Ich setzte mich direkt hinter das helle Licht, das Leben rettete, und begann zu schreiben.

Während ich notierte, was während der letzten Tage alles geschehen war, wurde mir klar, dass ich das Erlernte nicht nur an diese Generation, sondern an die ganze Welt weitergeben wollte.

Ich würde bald sterben, hatte aber eine Entdeckung gemacht: Wenn man gab, was man nie hatte geben wollen, und wurde, für was man sich selbst nie gehalten hatte, konnte man die Welt um einfach alles bitten.

Nun wollte ich die Gebote der Insel festhalten, zwanzig oder dreißig Regeln, die vielleicht zerstört, akzeptiert oder ignoriert werden würden.

Ich wusste ganz genau, dass ich nicht nur Anführer der neuen Generation sein, sondern auch die Dinge für alle folgenden Generationen ändern wollte.

Und all das aufgrund eines Todes, der mir Mut gemacht hatte. Ich war nur ein weiterer Mensch, der entdeckt hatte, dass uns das Leben zu Feiglingen macht.

Dabei schmerzte mein ganzer Körper und wollte mir wohl wieder in Erinnerung rufen, dass mein Ende nahte.

Wenn einst der Moment kam, würde ich es aber wie Junge machen und hier auf der Insel inmitten der Meinen sterben. Ich hoffte nur, dass ich weder der Erste noch der Zweite oder Dritte sein würde. Ich wollte gern bis zum Schluss durchhalten, so wie auch der letzte Anführer.

Und dann kam mir auf einmal meine erste Regel in den Sinn:

Vergiss alle Regeln, die man dir beigebracht hat.

Und die zweite:

Erfinde deine eigene Welt, definiere deine eigenen Wörter.

Und mir wurde klar, dass man all das eigentlich in einer einzigen Regel zusammenfassen konnte:

Liebe dein Chaos.

Das reichte doch schon.

Junges Tod hatte mir Kraft gegeben, jetzt fühlte ich mich dazu in der Lage, mein Leben in die Hand zu nehmen und dieser Welt ein neues Regelwerk zu schenken.

Dieses Regelwerk würde keine Verbote enthalten. Die sind ja nur für Menschen mit Angst. Solche Menschen verbringen ihr Leben damit, mit unseren Ängsten zu spielen, während sie doch weder sich selbst noch uns kennen.

Mir wurde klar, dass jeder selbst entscheiden musste, wie er auf dieser Welt leben wollte. Es ging darum, das Rad neu zu erfinden, Musik und Gesang, das Feuer zu entdecken … Die Uniformierung und die Suche sollte man am besten vergessen. Man musste Schmerz und Traurigkeit akzeptieren und sollte sich keiner Regel unterordnen, die man für etabliert hielt.

Es ging nicht darum, gegen Verbote zu verstoßen, sondern darum, ihnen keine Bedeutung beizumessen.

Es ging nicht darum zu leiden, sondern darum, das Leiden zu verstehen.

Es ging einfach nur darum zu leben.

Keine Regeln, man musste einfach sich und seiner Generation treu bleiben. Sterben und Leben geben. Geben.

Irgendwann beruhigte ich mich wieder. Vielleicht hatte ich mich ja einfach mitreißen lassen. Sollte ich vielleicht doch aufbrechen?

Gehörte ich in meine Welt oder war ich es meiner Generation schuldig hierzubleiben? Und waren meine Generation diese neun jungen Leute, die in wenigen

Stunden hier eintreffen würden, oder vielmehr all die Menschen dort draußen, die lebten und doch tot waren, die darauf warteten, dass irgendwer sie wiederbelebte?

Ich beschloss, mit jemandem darüber zu sprechen. So wie Junge es mir gezeigt hatte, musste ich jetzt herausfinden, wo ich hingehörte. In wenigen Stunden war mein Geburtstag, und vielleicht war dann ja der Moment gekommen, auf der Insel umzuziehen.

Ich warf einen Blick in das Buch und suchte die Information darüber, wo die über Achtzehnjährigen wohnten. Der Weg dorthin war leicht zu finden.

Aber zunächst stellte ich das Licht des Leuchtturms auf Rot, damit sie kamen und Junge holten. Er war jetzt lange genug von den Wellen gewiegt worden, so wie er es sich gewünscht hatte. Als ich dann nach oben schaute, entdeckte ich unter der Decke des Raums blaue Luftballons. Junge hatte also den Rat der Frau befolgt und auf dieser Insel jeden Tag sein Chaos geliebt. Das Rot der Leuchtturmlampe und das Blau unter der Decke des Zimmers brannten sich für immer in meine Seele ein.

Ich bestieg eins der Dromedare und brach in Richtung Süden auf. Die Generation dort wollte ich mir mal ansehen. Ich wollte wissen, wie sie lebte, wie sie den Abschied feierte und ob man dort wohl verstehen würde, was ich gerade entdeckt hatte.

Zu Ehren von Junge sang ich »Perfect day« von Lou Reed, und das Dromedar diente mir dabei wieder als Trommel. Aber dieses Mal klang es viel trauriger als am Tag meiner Ankunft.

So verabschiedete ich mich von einem ganz Großen, während ich mich vom Leuchtturm entfernte.

Nur nach Sekunden hörte ich ein Bellen, und van Gogh folgte mir.

Ich fühlte mich einzigartig, mehr brauchte ich in diesem Moment nicht. Nichts mehr, absolut gar nichts.

Endlich hatte die Welt eine Farbe, die ich nie mehr vergessen würde.

Nur wer mit sich selbst im Einklang war, konnte empfinden, was ich in diesem Moment spürte.

Ich griff nach der Brechtüte, die ich immer noch in der Tasche mit mir herumtrug, drehte sie um und schrieb auf dem Rücken des Dromedars mein zweites Gedicht:

> *Die zehn »Es reicht«, die wir brauchen, um in*
> *dieser Welt zu leben und in unserem Chaos*
> *wir selbst zu sein*
> Es reicht mit Rechtfertigungen.

Es reicht mit den Sorgen darüber, was wohl die anderen denken.

Es reicht mit unterschiedlicher Behandlung, kein Mensch ist besser als der andere.

Es reicht mit Regeln, die du weder aufgestellt hast noch verstehst.

Es reicht damit, immer zu rennen und es eilig zu haben. Die Gegenwart ist nämlich da, wo du in diesem Moment bist.

Es reicht damit, immer besser sein zu wollen.

Es reicht mit der Tyrannei der Schwachen.

Es reicht!

Es reicht!

Es reicht!

15

Die Narben der Ängste entstehen durch verlorene Zärtlichkeit

Als der Morgen anbrach, erreichten wir unser Ziel. Hier gab es keine Steilküste und auch keinen Leuchtturm, stattdessen handelte es sich um eine wasserreiche Landschaft von unfassbarer Schönheit inmitten eines Vulkans.

Ich war erschöpft. Das Dromedar und van Gogh tranken aus dem Wasser eines kleinen grünen Sees, der sich perfekt in die Natur einfügte, und ich badete in dieser Art natürlichem Pool. Dabei versuchte ich, so leise wie möglich zu sein, ich wollte die Schönheit nicht stören.

Plötzlich entdeckte ich am Ufer eines weiteren Sees eine junge Frau. Sie spielte Trompete, aber so, als wären die geflüsterten Noten nur für sie selbst bestimmt. Mit warmem Blick betrachtete sie mich.

Als ich aus dem Wasser kam und mich ihr näherte, stellte ich plötzlich fest, dass es sich um die junge Frau aus dem Flugzeug handelte, die meine Gedanken gelesen hatte. Mir kam es vor, als seien seitdem Jahrhunderte verstrichen.

Sie sah mich an und erkannte mich ebenfalls. Noch einmal bildete sie lautlos die Worte mit den Lippen: »Ich wache auf, obwohl ich es nicht will …«

Als ich sie nun ansah, war für mich alles klar, und ich formulierte meine Antwort: »Ich wache auf und will es auch.«

Sie schaute mich an und ging nicht weiter darauf ein. Als sich van Gogh näherte und an ihr schnüffelte, sah man auf den ersten Blick, wie sympathisch sich die beiden waren.

»Bist du der Anführer der Gruppe im Norden?«, fragte sie mich.

»Ja. Und wirst du die Gruppe aus dem Süden anführen?«

»Genau.«

Dann hob sie wieder die Trompete an die Lippen, und dieses Mal erkannte ich das Lied. Sie spielte »Taps«, wie

Montgomery Clift in »Verdammt in alle Ewigkeit«. Mein Vater war ein großer Fan von Burt Lancaster gewesen. Besonders toll fand er den »Schwimmer«, jenen Streifen, in dem ein Mann versucht, eine Wohnsiedlung durch ihre Swimmingpools zu durchqueren. Ich glaube, den mochte er, weil er wie eine Metapher für Kommunikation war. Oder vielleicht einfach deshalb, weil es darin so viel Wasser gab, immer wieder Wasser.

Als das Mädchen fertig war, hätte ich ja am liebsten applaudiert, das kam mir an diesem Ort aber nicht passend vor. Stattdessen vertraute ich ihr etwas an: »Ich werde heute achtzehn.«

»Herzlichen Glückwunsch.« Sie lächelte. »Bist du gekommen, um hier zu sterben?«

Obwohl ich sie kaum kannte, wirkte auch sie seit unserer Begegnung im Flugzeug verändert.

»Ich glaube, nicht … wahrscheinlich reise ich wieder ab«, musste ich zugeben.

»Du willst dahin zurück?«

»Ja.«

»Warum denn?«

»Um die anderen zu verändern. Wir müssen ihnen helfen aufzuwachen.«

»Ich glaube nicht, dass die sich helfen lassen.«

»Aber man muss doch geben.«

Ich hoffte wirklich, das würde sie verstehen, hoffte, sie hatte denselben Weg zurückgelegt. Hatte der Tod der früheren Generation sie an denselben Punkt gebracht wie mich?

»Geben? Ja, ich weiß …«

»Mehr gibt es einfach nicht«, beharrte ich.

»Schon klar.« Ich lächelte wieder. »Aber es wird gar nicht einfach, denen zu erklären, was du empfindest. Die haben nämlich so ihre Tricks, können Gefühle unterdrücken.

Das hier existiert, weil es kurzlebig ist, und deshalb werden dich die anderen nicht verstehen. Sie leben bloß für Geld, für die Arbeit, für Besitztum, um die Ressourcen zu nutzen …

Sie werden versuchen, deine Worte zu widerlegen, indem sie über Ängste sprechen, über ihren Status in der Welt, über Gleichgewicht und Zukunft.

Jeder neue Fortschritt der Gesellschaft entfernt uns nur noch weiter vom Tod und damit auch vom Leben.

In zweitausend Jahren haben wir das Absurde perfektioniert: Von Geburt an kehren wir dem Tod den Rücken zu, dabei relativiert der doch alles.«

Ich hörte mir zwar an, was sie zu sagen hatte, glaubte ihr aber nicht. Wahrscheinlich hatte sie sich dem Punkt bereits genähert, an dem ich mich jetzt befand, ihr fehlte jedoch meine Inspiration und Kraft.

Sie beschloss, konkreter zu werden: »Und was willst du denn tun, wenn du dort ankommst? Wie willst du diese Werte vermitteln? Und wem?«

Ich antwortete nicht und beschloss, dass es an der Zeit sei, wieder aufzubrechen. Am besten suchte ich die schwangere Frau auf, die würde mich doch sicher verstehen. Sie würde mir bestimmt die Antworten geben, die ich brauchte.

Aber die junge Frau aus dem Flugzeug hielt mich auf.

»Schenk mir drei Stunden deines Lebens, ich möchte dir gern von der Generation hier erzählen …«

Ich stimmte zu, und sie zeigte mir ihre Welt. Hier trug jeder den Namen eines Dichters, ihre Anführerin nannte sich Wisława, zu Ehren der großen Szymborska. Auch sie kämpfte inzwischen im Grandhotel um ihr Leben.

Die junge Frau zeigte mir, wo die Gruppe zusammenkam, nämlich in einer zauberhaften grünen Höhle. Und ihre Art, sich zu verabschieden: Hier vermischte man die Asche mit Farbe und schrieb damit Verse an die Wände des Vulkans, um das Leben der Verstorbenen zu ehren.

Sie las mir ein paar der Verse vor:

Tritt ganz vorsichtig auf, du läufst nämlich auf meinen Träumen.

Wer Gutes tut, erschafft damit Glück. Wer Böses tut, erschafft nur Schmerzen. Mehr gibt es nicht.

Sei du selbst, alle anderen sind schon vergeben.

Voller Rührung ließ ich mir erklären, von wem diese Wort gewordene Asche stammte, und van Gogh war genauso ergriffen.

Das Mädchen erzählte mir auch, dass ihre Anführerin vor positiver Energie nur so sprühte – und wie sie jeden einzelnen Schritt in Liebe und Sex verwandelt hatte. Sie hatte ihre Gruppe gelehrt, in jeder Situation gut auf sich aufzupassen, vor allem in Übergangsmomenten. Die mögen alle am wenigsten, aber genau dann muss man sich doch gerade respektieren.

Für mich reimte sich ihr Universum und war voller Sommersprossen, besser kann ich es nicht ausdrücken.

Die junge Frau erzählte mir auch, dass sie in ihrer Welt die Sprache der Liebkosungen benutzten. Sie waren zärtlich zueinander, wenn sie es brauchten.

»Die Narben der Ängste entstehen durch verlorene Zärtlichkeit«, erklärte sie.

Es war unglaublich, diese Gemeinschaft kennenzulernen, die sich so sehr von der unseren unterschied.

»Und was planst du für deine Zeit als Anführerin?«, fragte ich sie.

In dieser Höhle hallte jedes Wort wider, und es kam mir vor, als würde ich es darin hinterlegen.

»Ich glaube, da braucht man sich gar nichts vorher zu überlegen, das kommt dann schon ganz von selbst«, antwortete sie. »Wer hierherkommt, hat seine eigene Einstellung zu seinem Tod und seinem Kampf dagegen. Nur Reisen und das Leben in Gemeinschaft können die verändern.

Und du kannst der Gruppe das auch nicht abnehmen, als Anführer sollst du lediglich ein Licht sein.«

Ich war von ihrer Sicht auf die Funktion des Anführers begeistert und überlegte ernsthaft, unter ihrer Leitung hierzubleiben. Jetzt, wo ich achtzehn war, wäre das möglich gewesen.

Als ich ihr das sagte, war sie so gerührt, dass wir ins Universum der alten Generation übertraten.

Wir begannen uns in einer Art endlosen Massage zu berühren. Sie nahm mich an unerwartete Orte mit …

Und ich war einfach nur der Lehrling aus einer fremden Generation, der ich nicht einmal angehört hatte.

Als ihr meine Zweifel klar wurden, bestärkte sie mich.

»Sei einfach mal verrückt und schalt das Gehirn aus, das ist nur eine Last und bringt dich nicht weiter. Durch das Denken erschaffen wir unsere Probleme erst.«

Ich fühlte mich so gut aufgehoben, als sie hier meinen eigenen Satz aussprach.

Und deshalb ließ ich endlich los.

16

Gehörst du zu den Blas- oder Saiteninstrumenten – oder vielleicht zur Perkussion?

Ich wusste, dass ich hierbleiben und glücklich werden konnte, das wäre jedoch falsch gewesen. Van Gogh wirkte an der Seite des Mädchens allerdings so zufrieden, als hätte er ein neues Rudel gefunden. Und da Junge seinen Hund ja gern mit anderen teilen wollte, beschloss ich, ihn hierzulassen. Beide waren einverstanden, und ich flüsterte ihnen zu, dass sie gut aufeinander aufpassen sollten.

Ich hingegen wollte nicht die Bequemlichkeit wählen, ich musste meinen eigenen Weg gehen, so kompliziert er auch sein würde. Als ich der jungen Frau von meinem Plan erzählte, die schwangere Anführerin einer anderen

Generation aufzusuchen, hielt sie mich nicht auf. Stattdessen bot sie mir ein kleines Segelboot an, mit dem ich schneller dort sein würde.

»Aber ich bin noch nie Boot gefahren«, musste ich zugeben.

»Ich zeig dir, wie man es lenkt, und in zehn Minuten kriegst du das allein hin.«

Und so war es auch. Sie lichtete den Anker, schenkte mir zehn Minuten von ihrer Zeit, und ich konnte segeln. So war das mit dem Geben.

Als ich nun Frau und Hund am Ufer zurückließ, war ich mir sicher, dass ich sie nicht wiedersehen würde. Ich freute mich aber über das Glück, sie getroffen zu haben.

Die junge Frau hob zum Abschied ihr Instrument an die Lippen und spielte das wunderbare Stück »Il silenzio« von Nini Rosso. Vermutlich hatte sie das Trompetespielen als den unmöglichen Traum vor ihrem Tod gewählt. Ich weiß gar nicht mehr so recht, wer mir mal gesagt hatte, dass es für jeden das passende Instrument gab. Man musste nur wissen, ob man zu den Blas- oder Saiteninstrumenten gehörte – oder vielleicht zur Perkussion. Sie hatte sich ganz und gar für die Blasinstrumente entschieden.

Ich fuhr Richtung Westen und konnte vom Meer aus mein Zuhause sehen. Wieder verspürte ich Rührung, als ich es aus dieser neuen Perspektive betrachtete.

Beim Blick in die andere Richtung fiel mir dann auf, wie nah das Grandhotel von hier aus war.

Ich beschloss, mir mal diesen Ort anzusehen, an dem wir sterben würden. Vor allem wollte ich aber den Anführer der Generation vor mir kennenlernen, dabei wusste ich gar nicht, was ich bei unserer Begegnung zum jungen Matisse sagen sollte. Aber ich wollte mit ihm gern über all das sprechen, was ich hier erlebt hatte. Sicher ähnelte es dem, was er erschaffen hatte, vermutlich waren wir alle ein Teil der Entdeckungen anderer.

Die in zehn Minuten erlernten Handgriffe ermöglichten es mir tatsächlich, mit dem Boot Kurs auf die Nachbarinsel aufzunehmen. Als ich sie erreichte, stand Mutter dort am Ufer und beobachtete mich. Wahrscheinlich war ich nicht der Erste, der diesen Ort besuchte, bevor seine Zeit gekommen war.

Ich zog das Boot auf den Strand. Sie sah mich an und führte mich dann ohne ein Wort zu jenem kreisrunden Gebäude, dem berühmten Grandhotel.

Dort gingen wir in den vierten Stock zu Zimmer 415, an dessen Tür ein kleines Schild mit dem Namen Matisse

hing. Es schien offensichtlich zu sein, warum ich hergekommen war. Sicher hatten sich auch andere Anführer
gewünscht, ihre Vorgänger kennenzulernen.

Wortlos wandte sich Mutter ab und ließ mich mit Matisse allein, der in jenem Bett zwischen Schläuchen und
mir nur allzu bekannten Krankenhausgeräuschen lag.

Er hatte die Augen geschlossen. Ich schätzte ihn etwa
so alt wie mich selbst, und es lag eine tiefe Bräune über
seinen zauberhaften Zügen. Mir kam er vor wie der
schönste Mensch, den ich je gesehen hatte.

Nun öffnete er ein Auge, ich setzte mich neben ihn und
griff instinktiv nach seiner Hand, keine Ahnung, warum.

Dann erzählte ich ihm von mir und von denen aus seiner Generation, die ich kennengelernt hatte, vom wütenden Mädchen, dem Kind im Körper einer Frau, von Junge, Stumpf und all meinen Überlegungen. Ich sprach
darüber, was ich von der Gesellschaft hielt, was ich ändern wollte, vom Tanzen und der Oper …

Dabei wusste er all das doch mit Sicherheit schon,
doch sein Blick aus dem offenen Auge war für mich unglaublich tröstlich. Es ist schwer zu beschreiben, aber ich
befand mich hier vor einem jener reinen Wesen ohne
Widersprüche, die auch anderen das Gefühl geben, mit
sich selbst völlig im Einklang zu sein.

Nachdem ich eine Stunde lang geredet hatte, brachte auch er ein paar Worte hervor: »Die Gesellschaft bist du selbst ... vergiss das nicht ... Auch du bist die Gesellschaft.« Er sah mich an und fügte hinzu: »Für die Suche ist nur eine Richtung nötig, nicht unbedingt ein Ziel.«

Danach schenkte er mir das Buch mit den Malern, von dem mir das Mädchen erzählt hatte, das zu schnell gewachsen war. Er lag hier im Sterben und überließ mir seinen kostbarsten Besitz. So war das mit dem Geben.

Dann erklang plötzlich aus einem jener Apparate, die ihn mit dem Leben verbanden, ein rhythmisches Piepen und informierte darüber, dass uns hier gerade ein ganz Großer verließ.

Mutter kam mit zwei Krankenschwestern herein. Sie rannten nicht herbei, hatten es nicht eilig. Hierher kam man, um zu sterben, das war weder überraschend noch schmerzhaft. Sie versuchten nicht, ihn wiederzubeleben, sondern stellten einfach nur die Geräte ab.

Mit einer Geste überließ mir Mutter die große Ehre, Matisse die Augen zu schließen. Als ich ihrer Aufforderung nachkam, spürte ich dabei, wie mich ein Bruchstück seines Lebens streifte.

Eigentlich hatte ich ja damit gerechnet, dass Mutter mir nun von sich erzählen, mir ihre Grundsätze darlegen und vielleicht einen Rat mit auf den Weg geben würde. Hier sprachen doch schließlich alle miteinander und gaben ihre Gefühle preis.

Doch während der halben Stunde, die wir gemeinsam dasaßen, sagte Mutter kein Wort. Wir teilten einfach die Stille miteinander und leisteten Matisse Gesellschaft, während sein Leben ganz langsam den Raum verließ.

Irgendwann spürte ich, dass es für mich an der Zeit war, wieder aufzubrechen. Als ich ohne Hast die Flure entlangging, entdeckte ich eine Tür, an der »Wisława« stand.

Ich trat ein, liebkoste die Anführerin aus dem Süden, und dann verließ auch sie uns …

Ich schrieb ihr einen Satz auf den Arm:

Wer einen Grund zu leben hat, findet auch
einen Weg.

Dann kehrte ich zum Boot zurück und machte mich auf den Weg zu der Frau, mit der ich getanzt hatte.

17

Hirte der Vulkane

Ich erreichte ihr Häuschen und klopfte an, sie machte jedoch nicht auf. Deshalb betrat ich das Haus und ging bis hinten zur Terrasse durch, sah sie aber nirgendwo.

Dann lief ich ins obere Stockwerk ihres zauberhaften Häuschens hinauf. Und da war sie, na ja, vielmehr: Da *waren die beiden …*

Die Frau hielt einen winzigen Säugling im Arm, und beiden stand so viel Liebe ins Gesicht geschrieben, dass ich gar nicht mehr aufhören konnte zu lächeln.

Ich setzte mich neben sie und griff nach ihrer Hand. Inzwischen konnte ich schon gar nicht mehr sagen, wie viele Hände ich heute bereits gestreichelt hatte.

Als ich sie voller Zärtlichkeit ansah, stieß das Baby ein leises Geräusch aus, das dem Moment als Hintergrundmusik diente. Ich wiederholte seinen Laut; er war wie ein Mantra, das uns Frieden brachte.

»Ich glaube, das ist das erste Kind, das hier geboren wurde«, sagte die Frau. »Es wird ein wunderbares Leben führen. Hab ich dir schon mal von der blauen Welt erzählt?«

Ich schüttelte den Kopf.

»Die blaue Welt von Rafael Alberti. Die kommt in einem Gedicht vor, das er César Manrique gewidmet hat. Er nannte ihn darin einen Hirten der Winde und Vulkane. Eine tolle Beschreibung, nicht wahr?«

Ich nickte.

»Du siehst auch wie ein Hirte der Winde und Vulkane aus«, sagte sie. »Genau wie dieses Kind.«

Und dann rezitierte sie mit lauter Stimme Albertis Gedicht. Es hieß »Lanzarote« und war absolut perfekt:

Ich finde zurück zu meinem Blau,
meinem Blau und dem Wind,
meinem Leuchten,
dem unzerstörbaren Licht,
das ich mir für mein Leben erträumt hab.

Hier findest du meine Gerüchte,
meine verlassene Musik,

meine ersten Worte, vom Schaum gewiegt,
mein Herz, aus ihren Geschichten geboren,
ruhiges Meer, reines Meer ohne Klüfte.

Ich würde vielleicht gern sterben, sterben
heißt noch mehr leben, mich vom Wind
forttragen lassen
und sein zielloses Blau verstärken, mit dem
Hauch
meines ungesungenen Liedes.

Ich war, ich war der Sänger dieser Durchsich-
tigkeit
und kann es immer noch sein, auch wenn
ich blute
tief verwundet, lebendig getroffen,
voll von so vielen Toten, die so gern
in meiner Stimme wieder leben, mich
begleiten wollen.

Aber ich will gar nicht sterben,
obwohl ich es sage,
denn auch das Meer stirbt nicht,
wenn es stirbt.

Meine Stimme, mein Gesang soll euch
begleiten
über alle, alle Zeiten hinaus.

Ich streckte mich an ihrer Seite aus und griff nach ihrer Hand. Während wir im Gleichklang atmeten, konnte ich ihr Herz ganz langsam schlagen hören: Sie erlosch bereits. Dann schaute sie sich das Buch mit den Malern an. Sie suchte nach einem Künstler und seinem Gemälde, und ich wusste, was sie im Sinn hatte.

»Noch einer, der was von Blau verstanden hat«, sagte sie. »Und von einer Wahrheit ohne Kompromisse.«

Der Maler, von dem sie sprach, war Sorolla. Seine Gemälde trugen schlichte Namen: Schwimmer, Sommer, Fischer … Und seine Philosophie ähnelte der meines Vaters.

»Ich weiß, dass ich meinen Sohn nicht aufwachsen sehen werde. Wenn ich mir aber die Kinder von Sorolla anschaue mit ihren Wellen, ihren Pferdchen und Freunden«, sagte sie und blätterte um, »dann ist es fast so, als wäre ich dabei, wie er groß wird, lebt und spielt.

Ich sehe ihn in dieser blauen Welt von Alberti und Sorolla aufwachsen und stelle mir sein Leben vor, wie er lachend am Strand liegt …«

Wieder lächelte sie mich an.

»Und ich möchte dir helfen. Manchmal müssen sich Anführer an der alten Generation orientieren, um deren Lehren nicht zu vergessen. Nenn dich doch Sorolla.« Ich lächelte, meinen neuen Namen fand ich toll. »Aber im Gegenzug musst du meinem Jungen einen Namen geben. Er gehört schließlich deiner Generation an.«

Wortlos hörte ich ihre Bitte an, und ihre Rührung ließ mich bereits vermuten, was sie noch hinzufügen würde.

»Ich muss jetzt gehen, aber ich möchte, dass du dich seiner annimmst und ihn von hier wegbringst. Tust du das für mich?«

»Wo soll ich ihn denn hinbringen?«, fragte ich beklommen. »So lange leb ich doch gar nicht mehr.«

»Du hast noch ein langes Leben vor dir, Sorolla«, unterbrach sie mich.

Mir war klar, dass sie hier nicht vom körperlichen Dasein sprach, und ich konnte auch spüren, dass ich sie verlor.

Nun sang ich für sie, und meine Stimme klang fast engelsgleich, wie bei diesen Lobgesängen in der Kirche. Ich entschied mich für »Di quella pira« aus dem »Troubadour« von Verdi, nahm das blaue Hörgerät aus meinem Ohr und liebte mein Chaos.

Ich sang auf eine Art und Weise, die ich mir selbst niemals zugetraut hätte. Gerührt hörte sie mir zu, und ich wusste, dass diese Noten das Letzte sein würden, was sie im Leben hörte:

Madre infelice, corro a salvarti
o teco almeno corro a morir.

Unglückliche Mutter, ich laufe herbei,
um dich zu retten,
Oder zumindest, um mit dir zu sterben.

Ich fühlte mich als Teil ihrer blauen Welt. Und als sie ging, weinte der kleine Junge nicht, er schaute mich nur still an.

Ich beschloss, mein Versprechen zu erfüllen und ihn von hier fortzubringen.

18

Jeder hat zwei Geburtstage –
den Tag, an dem er geboren wird,
und den, an dem er dem Leben
gegenüber aufwacht

Zu zweit legten wir den Weg zum Flughafen zurück. Dann stiegen wir in die Maschine, ich setzte mich und band mir den Säugling auf den Bauch.

Das Ziel unserer Reise war der Ort, an dem ich am glücklichsten gewesen war und an dem ich meinen Adoptivvater verloren hatte. An diesem Steilufer würde der Kleine all das sein, was ich nicht hatte sein dürfen.

Und dort würde er einst das Buch bekommen, das ich zu schreiben angefangen hatte, zusammen mit den Zeichnungen von den besten Momenten meines Lebens, jenes Lebens, das bei dieser Reise ein Ende finden würde.

Dieses »Liebe dein Chaos, liebe deine Andersartigkeit, liebe das, was dich einzigartig macht«.

Mit dem Vermächtnis konnte er im Leben alles erreichen, einfach alles. Mehr war da gar nicht nötig, das spürte ich. Das hier war der Weg, ich musste nur noch diese Geschichte zu Ende bringen und sie ihm dann überreichen, damit er sie in die Welt hinaustrug.

Er war an diesem Ort geboren und geliebt worden, deshalb würde er verstehen. Er hatte sich aus der Energie aller auf dieser Insel genährt und konnte deshalb die Welt verändern.

Jetzt musste ich für ihn nur noch einen Namen finden.

Und eins war mir dabei klar, es musste sich um ein Wort handeln, das niemand je wieder vergessen würde.

Ich ließ mir viele unterschiedliche Namen durch den Kopf gehen, und alle hatten etwas mit den Ereignissen auf dieser Insel zu tun. »Offenbach« zu Ehren des ersten Tanzes, »Il mondo« wegen Stumpf und seines Schlagzeugs, »Lancelote« wegen der Welt seiner Mutter …

Aber dann beschloss ich wie immer, die Musik entscheiden zu lassen. Die Begleitmusik bei der Landung würde mich inspirieren und so auf ewig ein Teil seines Lebens sein.

Worum auch immer es sich handeln würde, in diesem Song würde seine ganze Energie stecken.

Ob ein einziger Mensch die Welt verändern konnte? Ich zweifelte jedenfalls nicht daran.

Während der Reise flüsterte ich dem Jungen tausend Geschichten ins Ohr. Ich wusste, dass dieser Flug mein letzter sein würde, beim Aufsetzen auf der Rollbahn würde ich meinen letzten Atemzug längst getan haben.

Er war geboren worden, und ich starb. Er hatte die Kraft, die Welt zu verändern, und ich wünschte mir so sehr, er würde es tun.

Hier fand unsere gemeinsame Geschichte nun ein Ende. Nach der Landung würde ihn schon jemand entdecken, und ich hinterließ dieser Person eine Nachricht damit, wie man den Kleinen erziehen und wann man ihm dieses Buch überreichen sollte.

Ich war mir sicher, dass dieser Junge die Welt verändern würde, wenn nur diese Anhaltspunkte befolgt würden.

Jetzt begann der Landeanflug, und im Flugzeug erklang Musik, nämlich »Blue eyes crying in the rain« von Elvis, das letzte Lied, das der King vor seinem Tod gesungen hatte. Der Song war absolut perfekt und erinnerte mich an die musikalischen Endlosschleifen meines Vaters. Besonders gut gefiel mir der Teil des Refrains, in dem von einem Wiedersehen in einem Land ohne Abschiede die Rede war:

> *We'll stroll hand in hand again*
> *In a land that knows no parting.*

In diesem Song vereinte sich die Energie all derer, die zusammen gekämpft und dem Himmel, der uns einst alle umfangen wird, sein Blau verliehen hatten.

Das Lied erinnerte mich auch an Junge und seine Geschichte über die Kinder mit der indigofarbenen Seele. Und ich war mir sicher, dass dieser Säugling auf meinem Schoß eins von ihnen war. Jetzt war alles klar.

Sein Name war »Blau«.

Blau würde dafür sorgen, dass sich diese Welt ganz anders dreht.

Und so hatte ich, ohne mir dessen bewusst zu sein, meine eigene Generation gegründet.

Dieses Kind würde eine neue Welt erschaffen, in der man durch den Gedanken an den Tod leben würde. Es würde darum gehen, zu spielen, zu spüren, zu existieren und alle Regeln zu vergessen …

»Blau …«, flüsterte ich.

Das Baby lachte, als es seinen Namen hörte, und in seinem Lachen lag ein kleines bisschen von all denen, die wir verloren hatten.

Dann hängte ich ihm den Schlüssel vom Haus an der Steilküste um, den ich immer um den Hals getragen hatte. Dort war sein Zuhause.

»Die Welt, Blau. Liebe dein Chaos.«

Wir tanzten zu seinem Lied und genossen es gemeinsam. Ich fragte mich allerdings schon: Wer sich wohl um ihn kümmern wird? Wer wird ihn lieben? Und wer wird sein Chaos lieben?

Das brüllte ich in meinem Kopf laut vor mich hin, ließ es über meinen inneren Lautsprecher laufen und hoffte, irgendjemand in diesem Flugzeug würde es hören und hätte Lust, sich seiner anzunehmen.

Und als ich dann den Blick nach vorn richtete, erklang endlich eine Stimme, ohne dass irgendjemand dazu die Lippen bewegt hätte. Sie ertönte in mir selbst, und ich wusste, dass ich sie schon einmal gehört hatte:

»*Ich* werde sein Chaos lieben.«

Als ich mich umdrehte, entdeckte ich sechs Reihen hinter mir auf der linken Seite Vater. Vater, den Schöpfer jener Lavafiguren, die er dann dem Vulkan darbot. Vater, der mich wegen meiner Entscheidung stolz ansah. Wahrscheinlich hatte das Mädchen aus dem Süden ihm von meinen Plänen erzählt, und er verließ nun die Insel, um mir bei der Ausführung zu helfen.

Das Flugzeug landete, und ich hatte die Gewissheit, dass er es tun würde. Er würde diesen Jungen adoptieren und ihn zusammen mit dem Buch, das ich geschrieben hatte, zum Haus an der Steilküste bringen.

Ich spürte, dass ich so meine eigene Welt erschaffen und ein Vermächtnis hinterlassen hatte.

Obwohl ich jetzt sterben würde, musste ich einfach lächeln, weil ich so glücklich war.

Ich bekam noch mit, dass er an mich herantrat und mir über die Wange strich. Zunächst gab ich ihm seinen Hut wieder, dann überreichte ich ihm Blau. Ich wusste, dass er sich um ihn kümmern und ihm beim Heranwachsen helfen würde.

Auf dieser Insel hatte ich gelernt, wie anders alles werden konnte, wenn man nur etwas änderte. Wer immer nur das Gleiche machte, verließ die ausgetretenen Pfade nicht.

Und dann hörte ich auf einmal das Meer meiner Heimat, den Ozean meines Vaters. Sein Rauschen, seine Wellen, seine Botschaft …

Mein Vater hatte auch immer dem Meer gelauscht, dem Geräusch der Wellen, die sich an den Klippen brachen.

Den Menschen hat er nie zugehört. Er konnte Stunden damit verbringen, die Felsen zu betrachten und sich zu fragen, was ihm dieses Brausen wohl sagen wollte.

»Die Natur spricht mit uns, wir sind nur viel zu beschäftigt, um sie zu verstehen«, hatte er ja mir abends manchmal ins gute Ohr gewispert.

Ich blickte noch einmal zu Blau hinüber, bevor die beiden das Flugzeug verließen. Mir war klar, dass auch er die Wellen hörte und sie verstand. Er wusste, was uns das Meer, die Erde und der Wind zuflüsterten. Und er hörte selbst die leisen Akkorde von ein oder zwei Planeten …

Die blaue Welt drehte sich bereits: Ich stellte mir vor, wie dieses Baby heranwachsen und am Ufer des Meeres so glücklich sein würde wie die Jungen von Sorolla. Während ich »La Passerella di Addio« vor mich hin trällerte und langsam losließ, hielt ich die Erinnerung an ihn überschäumend vor Glück auf einem Zettel fest.

Tatsächlich hat ja jeder zwei Geburtstage, den Tag, an dem er geboren wird, und den, an dem er dem Leben gegenüber aufwacht. Und ich war heute aufgewacht, das war mein zweiter Geburtstag.

Aus meinem letzten Gedanken erwuchs mein Chaos: »Ja, riskier es!« Das sollte immer die Antwort auf jede Frage sein.

Und in diesem Moment explodierte in mir die blaue Welt.

Unsere Leseempfehlung

224 Seiten
Auch als E-Book
erhältlich

Der internationale Bestseller – die wahre Geschichte hinter der VOX-TV-Serie

Albert Espinosa ist vierzehn Jahre alt, als er an Knochenkrebs erkrankt. Doch statt zu resignieren, nimmt er den Kampf gegen die Krankheit auf. Mit fünf anderen „Todgeweihten" gründet er den Club der roten Bänder. Gemeinsam finden sie heraus, wie Glücklichsein wirklich geht. Seine Glücksregeln stecken voller Humor und Optimismus und zeigen: Glück, das nicht auf der Hand liegt, sondern sich erst auf den zweiten Blick zeigt, ist dafür umso intensiver.

www.goldmann-verlag.de
www.facebook.com/goldmannverlag

Um die ganze Welt des GOLDMANN
Body, Mind & Spirit Programms
kennenzulernen, besuchen Sie uns doch
im Internet unter:

www.goldmann-verlag.de

Dort können Sie
nach weiteren interessanten Büchern *stöbern*,
Näheres über unsere *Autoren* erfahren,
in *Leseproben* blättern, alle *Termine* zu Lesungen und
Events finden und den *Newsletter* mit interessanten
Neuigkeiten, Gewinnspielen etc. abonnieren.

Ein *Gesamtverzeichnis* aller Goldmann Bücher finden
Sie dort ebenfalls.

Sehen Sie sich auch unsere *Videos* auf YouTube an und
werden Sie ein *Facebook*-Fan des Goldmann Verlags!

www.goldmann-verlag.de
www.facebook.com/goldmannverlag